essentials

essentials liefern aktuelles Wissen in konzentrierter Form. Die Essenz dessen, worauf es als „State-of-the-Art" in der gegenwärtigen Fachdiskussion oder in der Praxis ankommt. *essentials* informieren schnell, unkompliziert und verständlich

- als Einführung in ein aktuelles Thema aus Ihrem Fachgebiet
- als Einstieg in ein für Sie noch unbekanntes Themenfeld
- als Einblick, um zum Thema mitreden zu können

Die Bücher in elektronischer und gedruckter Form bringen das Fachwissen von Springerautor*innen kompakt zur Darstellung. Sie sind besonders für die Nutzung als eBook auf Tablet-PCs, eBook-Readern und Smartphones geeignet. *essentials* sind Wissensbausteine aus den Wirtschafts-, Sozial- und Geisteswissenschaften, aus Technik und Naturwissenschaften sowie aus Medizin, Psychologie und Gesundheitsberufen. Von renommierten Autor*innen aller Springer-Verlagsmarken.

Sylvia Meier · Angelika Breinich-Schilly

Best of springerprofessional.de: Finance + Banking

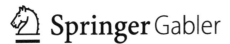

Sylvia Meier
Freiburg, Deutschland

Angelika Breinich-Schilly
Wiesbaden, Deutschland

ISSN 2197-6708   ISSN 2197-6716 (electronic)
essentials
ISBN 978-3-658-39455-4   ISBN 978-3-658-39456-1 (eBook)
https://doi.org/10.1007/978-3-658-39456-1

Die Deutsche Nationalbibliothek verzeichnet diese Publikation in der Deutschen Nationalbiblio-
grafie; detaillierte bibliografische Daten sind im Internet über http://dnb.d-nb.de abrufbar.

Planung/lektorat: Guido Notthoff
Springer Gabler ist ein Imprint der eingetragenen Gesellschaft Springer Fachmedien Wiesbaden
GmbH und ist ein Teil von Springer Nature.
Die Anschrift der Gesellschaft ist: Abraham-Lincoln-Str. 46, 65189 Wiesbaden, Germany

Was Sie in diesem *essential* finden können

- Hinweise zur aktuellen Praxis bei Finanzaufsicht und Steuerbehörden
- Berichte zu den Auswirkungen der Corona-Pandemie auf das Controlling
- Überblick über die Rolle, die Megatrends (wie Digitalisierung und Nachhaltigkeit) für das Controlling und das Bankgeschäft spielen
- Einblicke in das Recruiting bei Banken

Vorwort

Die Redaktion unseres Wissensportals springerprofessional.de beobachtet aktuelle Entwicklungen und Trends in zehn Fachgebieten aus Wirtschaft und Technik. Die Kolleg*innen ordnen die aktuellen Ereignisse ein und erläutern die Hintergründe. In diesem *essentials* haben wir für Sie Online-Beiträge aus dem Themenbereich ‚Finance + Banking‘ zusammengefasst, die von unseren mehr als 300.000 Nutzern besonders häufig gelesen wurden und damit über den Tag hinaus Bedeutung haben. Damit sind diese Artikel Trendbarometer für künftige Entwicklungen.

Ich wünsche Ihnen einen hohen Erkenntnisgewinn und auch ein bisschen Spaß beim Lesen.

Stefanie Burgmaier,
Geschäftsführerin Springer
Fachmedien Wiesbaden GmbH
Wiesbaden, Deutschland

Inhaltsverzeichnis

Über die Autorinnen

Sylvia Meier ist als freie Autorin für springerprofessional.de tätig. Sie befasst sich besonders mit den Themen Steuern, Finanzen, Wirtschaftsrecht und Controlling. https://www.springerprofessional.de/finance---banking/sylvia-meier/724934

Angelika Breinich-Schilly arbeitet seit April 2018 bei Springer Nature und ist als Redakteurin und Channelmanagerin verantwortlich für das Fachgebiet Finance + Banking von springerprofessional.de. Sie ist seit 2001 als Wirtschaftsredakteurin in verschiedenen Branchen tätig. Zu ihren Schwerpunkten gehören neben den Bereichen Finanzen, Banken und Recht auch Industrie und Logistik. https://www.springerprofessional.de/finance---banking/angelika-breinich-schilly/15587506

Verschärfte Bilanzkontrolle trifft Firmen unvorbereitet

Sylvia Meier

Die Reform der Bilanzkontrolle wird zu verschärften Prüfungen durch die Aufsichtsbehörde Bafin führen. Dennoch sind viele Unternehmen unvorbereitet. Und einem Großteil fehlen zudem ausreichend Fachexperten für Bilanzierungsfragen.

Die externe Berichterstattung ist eine wichtige Informationsquelle für Investoren, Kreditgeber, Gesellschafter, aber auch das Finanzamt und viele weitere Stellen. Eine ordnungsgemäße Rechnungslegung hat als Basis hierfür eine zentrale Bedeutung. Dass es manche Unternehmen mit ihrer Bilanz aber nicht ganz so genau nehmen, hat zuletzt der Fall um den Paymentdienstleister Wirecard gezeigt. Er führte schließlich zur Insolvenz des Aschheimer Unternehmens.

Verschärfte Bilanzkontrollen erwartet

Nach dem Wirecard-Skandal wurde die Bilanzkontrolle, auch Enforcement genannt, komplett reformiert. Seit 1. Januar 2022 ist nicht mehr die Deutsche Prüfstelle für Rechnungslegung (DPR) zuständig, sondern allein die Bundesanstalt für Finanzdienstleistungsaufsicht (Bafin). Sie prüft, ob Jahres- oder Konzernabschlüsse und zugehörige Lageberichte rechtmäßig erstellt wurden und kann dabei auf viele, zum Teil schärfere Instrumente nutzen. Deshalb sollten Unternehmen vor allem passende Compliance-Maßnahmen ergreifen.

Die Bafin hat bereits bekannt gegeben, welche Themen schwerpunktmäßig bei den Abschlüssen 2021 geprüft werden:

- Wie werden Reverse-Factoring-Transaktionen in den Bilanzen und der Kapitalflussrechnungen dargestellt? Und welche Angaben enthalten Anhang und Lagebericht hierzu?
- In Einzelfällen soll geprüft werden, ob angegebene Zahlungsmittel und Vermögenswerte tatsächlich vorhanden sind.
- Sind die Buchführungsunterlagen nachvollziehbar und nachprüfbar?

Unternehmen ergreifen bisher kaum Maßnahmen

Ob die Accounting Compliance betroffener Unternehmen gut auf diese Themen vorbereitet ist oder ob es noch Nachbesserungsbedarf in der Rechnungslegung gibt, hat die Beratungsgesellschaft Pricewaterhouse Coopers (Pwc) untersucht. Für ihre Studie „Accounting Compliance 2022 – Wie gut sind Unternehmen aufgestellt und auf die Bilanzkontrolle der BaFin vorbereitet?" wurden insgesamt 100 Unternehmen in Deutschland befragt. Von denen rechnen zwar drei Viertel mit Verschärfungen bei der Bilanzkontrolle, jedoch hat der Großteil der Befragten noch keine Maßnahmen zur Vorbereitung ergriffen haben. 70 % glauben sogar, bereits gut für die anstehende Prüfung gerüstet zu sein. Und die Hälfte plant gegenwärtig keine Vorbereitungsmaßnahmen. Gerade einmal 22 % der Befragten haben bereits Maßnahmen eingeleitet.

„Es ist riskant, sich nicht vorzubereiten. Denn auch wir rechnen mit schärferen und schnelleren Enforcement-Verfahren. Unternehmen sollten jetzt zumindest die eigene Accounting Compliance diesbezüglich nochmals genau prüfen. In einem laufenden Verfahren ist es dafür zu spat", meint Bernd Kliem, Partner für Enforcement Services bei Pwc Deutschland.

Interessant ist, dass gerade der Prüfungsschwerpunkt Dokumentation, an den die Bafin spezielle Anforderungen stellt, im Fokus der Unternehmen steht (94 %). Veränderungen bei Prozessen gehen allerdings nur bei 56 % der Unternehmen, die bereits aktiv wurden, an. Und Anpassungen in ihrer Organisation lediglich 44 %. Dabei haben gerade bei der Definition von Zuständigkeiten zwischen Konzernrechnungswesen und Tochtergesellschaften erst 52 % klare Kriterien festgelegt.

„Eingespielte, aber nicht definierte Prozesse sind ein vermeidbares Compliance-Risiko. Unternehmen sollten mit den gestiegenen Anforderungen auch organisatorisch-prozessual Schritt halten. Standardisierte oder sogar automatisierte Schnittstellen helfen dabei ebenso wie Centers of Excellence und klar definierte Zuständigkeiten", mahnt Robert Linder, Director für Enforcement Services bei Pwc, an.

Fachkräftemangel erhöht Risiken fehlerhafter Rechnungslegung

Ein wesentlicher Faktor bei der Qualität der Rechnungslegung spielt die Fachkompetenz innerhalb des Unternehmens. Nicolai Schädel stellt in seinem Buchkapitel „Rechnungslegung und Compliance" (Seite 265) klar, dass Inhaber, persönlich haftender Gesellschafter und Mitglieder der Leitungsorgane für die Erfüllung der Rechnungslegungs- und steuerlichen Deklarationspflichten des Unternehmens verantwortlich sind.

„Die Erfüllung von Rechnungslegungspflichten kann von den gesetzlich verantwortlichen Personen zumindest in gewissem Umfang an andere Personen delegiert werden. In Betracht kommt zum einen die Beauftragung von Arbeitnehmern oder externen Dienstleistern mit der Durchführung von Buchungsvorgängen, dem technischen Zusammenfassen von Bestands- und Erfolgskonten im Jahresabschluss oder dem Ausfüllen von Erklärungsformularen. Zum anderen ist innerhalb des Gesellschafterkreises oder zwischen mehreren Organmitgliedern eine Arbeitsteilung im Sinn einer Ressortzuordnung möglich. Danach kann vorgesehen werden, dass einer von mehreren persönlich haftenden Gesellschaftern oder eines von mehreren Organmitgliedern federführend für die Erfüllung sämtlicher oder bestimmter Rechnungslegungspfichten zuständig ist („CFO")", schreibt der Springer-Autor auf Seite 268.

Fehlendes Fachwissen für komplexe Bilanzfragen

Die Studienergebnisse zeigen jedoch, dass sich Unternehmen gerade bei der Fachkompetenz trotz geänderter Bedingungen nicht merklich verstärkt haben. Bei einer Pwc-Studie aus dem Jahr 2017 verfügten immerhin 67 % der Unternehmen über „Centers of Excellence" (CoEs) beziehungsweise Bilanzierungsexperten für komplexe Bilanzierungsfragen. Nun sind es nur noch 58 %. Dennoch sucht die Mehrheit der Studienteilnehmer (81 %) bei der Unsicherheit über die Bilanzierung eines Sachverhalts Antworten durch interne Fachkräfte. Wenn jedoch die Komplexität in der Rechnungslegung zunimmt, die Bilanzen schärfer kontrolliert werden und gleichzeitig nicht mehr ausgewiesene Experten beschäftigt werden, dann steigen die Risiken für Unternehmen.

In diesen Fällen vertrauen viele Unternehmen die Expertise externer Dienstleister. 38 % der Befragten nutzen bereits Outsourcing im Rechnungswesen. Und auch bei den internen Fachkräften wollen viele Unternehmen nachsteuern und beispielsweise Schulungen durchführen. Der Handlungsbedarf scheint hier auch dringend zu sein. Doch viele Unternehmen agieren hier noch sehr zurückhaltend und sollten umdenken. Kommt eine Bilanzkontrolle zu einem negativen Ergebnis, ist das weder finanziell noch im Hinblick auf die Reputation wünschenswert.

Zur Nachverfolgung der enthaltenen Literaturhinweise siehe https://www.spr ingerprofessional.de/jahresabschluss/bafin/viele-unternehmen-sind-unvorbereitet-auf-verschaerfte-bilanzkont/23153410

Wenn der Steuerprüfer plötzlich vor der Tür steht

Sylvia Meier und Angelika Breinich-Schilly

Steuerprüfungen sind der Graus vieler Mittelständler. Ein Alptraum der Unternehmer ist es, wenn Finanzbeamte ohne Vorwarnung den Betrieb besuchen. Gründer trifft es dabei besonders häufig. Wer gut vorbereitet ist, braucht den Prüfer allerdings nicht zu fürchten.

Regelmäßige Betriebsprüfungen sind für die meisten Finanzabteilungen eine große Herausforderung, auch wenn sie sich darauf vorbereiten können. Nicht selten beurteilt dabei der Betriebsprüfer einen Sachverhalt anders als das Rechnungswesen und es droht eine Steuernachzahlung. Laut Statistiken des Bundesfinanzministeriums (BMF) auf der Grundlage von Meldungen der Länder stellten allein im Jahr 2018 die rund 13.500 Prüfer ein Mehrergebnis von rund 13,9 Mrd. Euro fest.

Das Gros der fast 189.000 untersuchten Firmen sind allerdings nicht Großunternehmen, sondern Kleinst-, Klein- und Mittelbetriebe, heißt es im Monatsbericht des Ministeriums von Oktober 2019. Den insgesamt größten Anteil am Mehrergebnis für das Jahr 2018 nimmt dabei die Gewerbesteuer mit 22,5 % beziehungsweise 3,1 Mrd. Euro ein. Aber auch die Körperschaftsteuer mit 18,5 % (2,6 Mrd. Euro) und die Umsatzsteuer mit 13,9 % (1,9 Mrd. Euro) tragen einen wesentlichen Anteil am Mehrergebnis bei.

Unangekündigte Prüfungen des Finanzamts

Kniffliger als die regelmäßigen Betriebsprüfungen, sind jene, bei denen der Finanzbeamte unangemeldet vor der Tür steht. Das ist etwa der Fall bei der Umsatzsteuernachschau, der Lohnsteuernachschau und der Kassennachschau. Die Möglichkeit einer sogenannten Kassennachschau hat das Finanzamt seit dem

1. Januar 2018. Hierbei sucht der Steuerprüfer zu üblichen Geschäftszeiten unangekündigt den Betrieb auf und

- prüft das Vorliegen einer Verfahrensdokumentation,
- führt einen Kassensturz (Kassenbestand Soll/Ist-Abgleich) durch,
- untersucht die Daten des Warenwirtschaftssystems
- und checkt die sonstigen Organisationsunterlagen, wie etwa Ersteinrichtungs- oder Programmierprotokolle.

Eine Umsatzsteuernachschau erfolgt beispielsweise häufig bei frisch gegründeten Unternehmen, um sicherzustellen, dass die Abläufe auch ordnungsgemäß erfolgen und kein Umsatzsteuerbetrug begangen wird. Alles, was der Gründer an elektronischen Daten verarbeitet, also in Vorsystemen, einer Branchensoftware, Lagerhaltungssystemen, Planungssystemen und anderen, kann Gegenstand einer Betriebsprüfung sein, führt dazu Sabine Ehlers im Buchkapitel „Von Anmeldung bis Zahlung – die oft vergessenen Grundlagen" auf Seite 234 aus.

„In unserer digitalen Welt können – und das muss einem klar sein – alle digitalen Daten, sofern sie steuerlich relevant sind (und das sind die meisten), vom Finanzamt angefordert werden. Es ist daher wichtig, dass das, was man an digitalen Daten in den eigenen Systemen verarbeitet, übereinstimmt mit dem, was an digitalen Daten beim Steuerberater ankommt. Wenn es dabei zu Abweichungen kommt, kann die Buchhaltung vom Finanzamt angezweifelt werden und es können hohe Summen hinzugeschätzt werden", warnt die Steuerberaterin.

Für manch einen Gründer ist der Schreck erst einmal groß, da viele schlichtweg nicht damit rechnen, dass auch in einer frühen Phase des Unternehmens bereits ein Finanzbeamter sich für ihre Prozesse und Dokumentationen interessiert. Unsortierte Belege in einer Ablagekiste überzeugen Prüfer dabei nicht. Diese erwarten eine ordentliche Buchführung.

Unternehmer sollten wissen, was Prüfer dürfen

Daher sollten vor allem Unternehmensgründer sich damit vertraut machen, wann ein Steuerprüfer kommen kann und welche Befugnisse er hat. So erfolgt die Prüfung beispielsweise in den Geschäftsräumen, nicht in den Privaträumen des Unternehmers. Es sollte außerdem selbstverständlich sein, dass der Prüfer sich ausweist, bevor er die Geschäftsräume betritt und in die Finanzunterlagen schaut. Gerade unerfahrene Chefs junger Unternehmen laufen hier Gefahr, einem Betrüger auf den Leim zu gehen.

Verhält sich der unangekündigte Prüfer korrekt, zeigt sich spätestens jetzt, wie es tatsächlich um die Ordnung des Rechnungswesens steht. Springer-Autorin Constanze Elter empfiehlt in ihrem Buchkapitel „Ein gut geführtes Archiv erleichtert die Betriebsprüfung" (Seite 77):

„Zwingen Sie sich zur zeitnahen Ablage. Verabschieden Sie sich vom Schuhkarton, auch tiefe Schubladen sollte es in Ihrer Ablage nicht geben. Wählen Sie kleine Ablagekörbe, damit Sie gezwungen sind, die Belege kurzfristig zu sortieren – und lassen Sie die Kästen nicht überquellen."

Bei einer Betriebsprüfung hat das Unternehmen in der Regel mindestens zwei bis vier Wochen Zeit, die entsprechenden Aufzeichnungen herauszusuchen und bereit zulegen. Bei einer Nachschau entfällt diese Frist und schnell kann es hektisch werden. Sicher vermittelt es dem Prüfer keinen guten Eindruck, wenn Belege nicht auffindbar sind und er das Gefühl bekommt, im Chaos gelandet zu sein. Das wäre keine gute Ausgangslage für den weiteren Prüfungsprozess.

Prüfung ist nicht gleich Prüfung

Zwar handelt es sich bei einer Nachschau formal gesehen um keine Außenprüfung. Das würde sich entsprechend auf die Rechte und Pflichten des geprüften Unternehmens auswirken. Allerdings kann sich eine Nachschau schnell zu einer solchen Außenprüfung entwickeln. § 27b Abs. 3 Umsatzsteuergesetz besagt

„Wenn die bei der Umsatzsteuernachschau getroffenen Feststellungen hierzu Anlass geben, kann ohne vorherige Prüfungsanordnung (§ 196 der Abgabenordnung) zu einer Außenprüfung nach § 193 der Abgabenordnung übergegangen werden. Auf den Übergang zur Außenprüfung wird schriftlich hingewiesen."

Entsprechende Regelungen gelten für die Lohnsteuernachschau und die Kassennachschau. Spätestens jetzt ist deshalb der Steuerberater ein wichtiger Ansprechpartner. Daher gilt: Die Verantwortlichen sollten sofort zum Telefon greifen und um Hilfe bitten, wenn der Prüfer sich ankündigt oder einen Überraschungsbesuch abstattet. Der Steuerberater kann beurteilen, ob gegebenenfalls Einspruch eingelegt werden sollte, wenn im Rahmen einer Nachschau Verwaltungsakte ergehen.

Einspruch gegen den Steuerbescheid

„Die maßgebenden Vorschriften für das Einspruchsverfahren befinden sind in den §§ 347–367 Abgabenordnung (AO). Ein Einspruch führt nur dann zu dem gewünschten Ergebnis, wenn er nicht nur zulässig, sondern auch begründet ist", erläutert Joerg Andres im Buchkapitel „Verfahrensrecht" auf Seite 451. Dabei müsse der steuerpflichtige Unternehmer sowohl den formellen als auch den materiellen Anforderungen der Steuergesetze gerecht werden. „Zur Fristwahrung kann ein Einspruch zunächst auch ohne Begründung eingereicht und diese dann später nachgereicht werden", erläutert der Springer-Autor.

Zur Nachverfolgung der enthaltenen Literaturhinweise siehe https://www.spring erprofessional.de/steuerrecht/besteuerungsverfahren/wenn-der-steuerpruefer-una ngekuendigt-vor-der-tuer-steht/15941918

Ein Controlling-System in zehn Schritten aufbauen

Sylvia Meier und Angelika Breinich-Schilly

Die Corona-Krise hat offenbart, wie wichtig das Controlling und seine Daten für strategische und kaufmännische Entscheidungen im Unternehmen sind. Doch beim Aufbau eines wirkungsvollen Controlling-Systems lauern Fallen. Diese lassen sich mit dem passenden Konzept jedoch umgehen.

Bei vielen Mittelständlern oder Gründern stehen unterschiedliche Aspekte, allen voran finanzielle Faktoren, im Fokus der Geschäftsprozesse. Das passende Controlling gehört aber meist nicht dazu. Warum das eine schlechte Entscheidung ist, erläutert Ralf Schmid-Gundram im einleitenden Kapitel seines Buchs „Controlling-Praxis im Mittelstand" (Seite 2):

> „Durch die Internationalisierung der Märkte und des Wettbewerbs – und in vielen Branchen auch der Globalisierung von Angebot und Nachfrage – sind in der Regel die verfügbaren Margen beziehungsweise Deckungsbeiträge gesunken und somit die kaufmännischen Anforderungen an die Unternehmensführung gestiegen."

Dem Controlling komme in diesem Kontext die entscheidende Schlüsselfunktion zu. Es liefere Fakten und Prognosen, „die es dem Unternehmen ermöglichen, auf […] Entwicklungen und Anforderungen zu reagieren und hierdurch eine nachhaltig erfolgreiche Unternehmensentwicklung zu gewährleisten".

© Springer Fachmedien Wiesbaden GmbH, ein Teil von Springer Nature 2022
S. Meier und A. Breinich-Schilly, *Best of springerprofessional.de: Finance +
Banking,* essentials, https://doi.org/10.1007/978-3-658-39456-1_3

Controlling macht Unternehmen krisenfest

Zudem macht das Controlling laut Jennifer Kunz, Inhaberin des Lehrstuhls für Betriebswirtschaftslehre mit Schwerpunkt Controlling an der Universität Augsburg, Unternehmen resilienter in Krisensituationen. Die Expertin schreibt in der Zeitschrift „Controlling & Management Review" (Ausgabe 1 I 2022):

> „Da das Controlling als zentrales Instrument betrieblicher Steuerung unmittelbar auf Unternehmensentscheidungen einwirkt, liegt es nahe, auch in diesem Bereich gezielt nach Ansatzpunkten zu suchen, wie die organisationale Resilienz gestärkt werden kann. Sind Controller mit den Stellhebeln zur Steigerung der Resilienz im Unternehmen vertraut, können sie einen wichtigen Beitrag dazu leisten, ihr Unternehmen krisenfest zu machen."

Typische Fehler von Jungunternehmern

Spätestens wenn das Unternehmen, die Komplexität seiner Organisation sowie der Bedarf an Informationen wachsen, entsteht der Wunsch nach mehr Controlling. Bei der Einführung des passenden Controlling-Systems machen viele, insbesondere junge Firmenchefs aber häufig Fehler. Die typischen Fallstricke hat Springer-Autor Jürgen Diehm in seinem Buchkapitel „Controlling – das Cockpit für den Gründer" aufgelistet (Seite 30):

- Die Planung wird nicht gelebt. Der Businessplan wird zwar für externe Zwecke erstellt, aber nicht in die Praxis umgesetzt.
- Der Unternehmer ist im Stress und nimmt das Controlling als lästige Verpflichtung wahr, die erst einmal warten muss.
- In wirtschaftlich guten Zeiten wird das Controlling vernachlässigt.
- Der Unternehmensgründer will alles alleine im Griff haben, überschätzt sich jedoch und stößt an Grenzen.
- Das Thema wird auf andere abgewälzt. Der Steuerberater oder ein Mitarbeiter wird sich schon darum kümmern.

Controlling unternehmensspezifisch umsetzen

Eine Standardlösung, auf die ein Start-up oder mittelständische Unternehmen zurückgreifen können, gibt es allerdings nicht. Denn jede Organisation bringt ihre Besonderheiten mit. Dem muss das Controlling-System mit spezifischen

Anforderungen gerecht werden. Schmid-Gundram liefert einen Fahrplan, zum Aufbau eines Controlling-Systems in zehn Schritten. Anhand eines Beispielunternehmens zeigt der Springer-Autor detailliert, wie die Implementierung gelingen kann (Abb. 1):

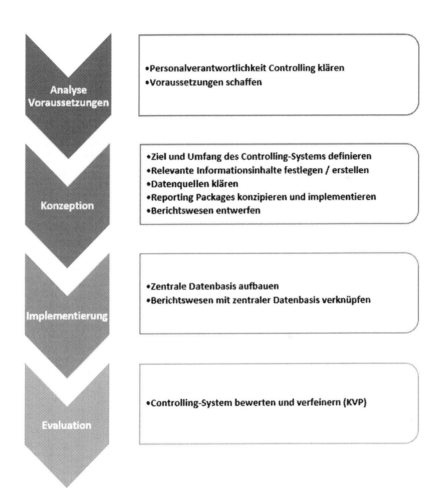

Abb. 1 Schritte zur Implementierung eines unternehmensspezifischen Controlling. (© Ralf Schmid-Gundram, Controlling-Praxis im Mittelstand (2020), Seite 208)

Mit Hilfe von zahlreichen Beispielen und Möglichkeiten erklärt Schmid-Gundram Schritt für Schritt, worauf Unternehmen bei der Konzeption und Umsetzung achten sollten und welche Alternativen ihnen dafür zur Verfügung stehen. Hierzu kann zum Beispiel die Einstellung einer kaufmännischen Fachkraft mit Controlling-Expertise gehören. Diese untersucht dann die verfügbaren Datenquellen im Unternehmen sowie die Datenqualität und schafft die notwendigen Voraussetzungen, etwa in der Buchhaltung und im Berichtswesen.

Ist der Grundstein für ein passendes Controlling-System gelegt, sollte es aber als lebendige Struktur regelmäßig geprüft, bewertet und optimiert werden. Möglich sind die Einführung digitaler Tools, mit denen sich die Arbeit des Controllers beschleunigen und vereinfachen lässt.

Zur Nachverfolgung der enthaltenen Literaturhinweise siehe https://www.spring erprofessional.de/controlling/finanzbuchhaltung/in-wenigen-schritten-ein-contro llingsystem-aufbauen/10700468

Agiles Controlling macht Unternehmen krisenfester

Sylvia Meier

Wenn ein Unternehmen ein agiles Management etablieren will, muss sich auch das Controlling den neuen Anforderungen stellen. Wie das in der Praxis aussehen sollte, darüber hat sich ein Arbeitskreis Gedanken gemacht und eine Vision entwickelt – für künftige Krisen.

Unternehmen müssen sich heute in einem volatilen Umfeld beweisen. Das bringt viele Herausforderungen mit sich, für die praktische Ansätze gefragt sind. Sowohl in der Wissenschaft als auch in vielen Unternehmen sprechen sich Experten immer häufiger für mehr Agilität aus – auch im Controlling. „Agiles Management funktioniert nur, wenn Unternehmensstruktur, Unternehmenskultur und Controlling aufeinander abgestimmt sind", erläutern Marc Janka und Thomas Günther in ihrem Beitrag „Controlling für agiles Management".

Iris Rateike, Sandra Eisenburger und Jochen Holzwarth stellen in ihrem Beitrag „Agile Steuerung ermöglichen" die Vision eines agilen Controllings des Arbeitskreises Finance & Agility vor. Dieser besteht aus Vertretern acht deutscher Unternehmen und hat sich die Aufgabe gestellt, folgende Fragen zu beantworten:

- Wie ist das Steuerungsinstrumentarium anzupassen, um Unternehmen agil zu steuern?
- Wie setzt man agile Kultur, Führung und Organisation im Finanzbereich um?
- Wie spielt der agile CFO-Bereich mit den anderen Funktionen im Unternehmen zusammen?

S. Meier und A. Breinich-Schilly, *Best of springerprofessional.de: Finance + Banking,* essentials, https://doi.org/10.1007/978-3-658-39456-1_4

Krise 2025 als Business Case

Ein Business Case skizziert eine Krise im Jahr 2025. Mit dieser gehen verschiedene Situationen im Unternehmensalltag einher. Die Geschäftsführung muss beispielsweise zeitnah auf stornierte Aufträge, Kapazitäts- und Lieferengpässe reagieren. Dabei stellt sich die Frage, was das Controlling leisten sollte, um vor allem den steigenden Anforderungen bei der Steuerung gerecht zu werden.

Es muss mit der zunehmenden Geschwindigkeit und Komplexität Schritt halten, um auch in Zukunft noch Mehrwert zu stiften: „Fakten auf Abruf liefern, Zukunftsaussichten valide und nachvollziehbar abschätzen, Impulse geben, Wirtschaftlichkeit sichern, Entscheidungen unterstützen und eine zielgerichtete Koordination ermöglichen", erklären die Autoren.

Wie agiles Controlling aussehen kann

In seiner Vision zeigt der Arbeitskreis, wo und wie das Controlling hier einen entscheidenden Mehrwert liefern kann. Dabei handelt es sich um ein selbststeuerndes Unternehmen mit einem „embedded" Controlling. Das heißt, gemischte Teams aus Controlling, die sogenannten Controlling-Chapter, und Experten aus den Fachgebieten übernehmen Teile der Controlling-Aufgaben (Abb. 1):

Die Autoren betonen, dass eine Transformation zu dieser Form des agilen Controllings einen Kulturwandel der Organisation und damit einer Veränderung

Abb. 1 Schema eines selbststeuernden Unternehmens mit integriertem Controlling. (© Rateike/Eisenburger/Holzwarth 2020 | Agile Steuerung ermöglichen, CMR 5–6/2021)

im Mindset jedes Einzelnen voraussetzt. „Zudem ist es notwendig, ein einheitliches Verständnis darüber, was Agilität bedeutet, über den Controlling-Bereich hinaus im gesamten Unternehmen zu verankern. Sowohl die Controlling-Inhalte als auch die Prozesse und die Rollen unterliegen dem Wandel."

Agiles Controlling ist schneller und kundenorientierter

Diese Transformation hin zu mehr Agilität bietet viel Potenzial. So können Unternehmen nicht nur ein faktengestütztes und verantwortungsvollen Handeln über Funktionsbereiche hinweg erzielen. Auch das Controlling selbst wird

- kundenorientierter,
- schneller und
- und anpassungsfähiger.

Diese Eigenschaften sind in einem volatilen Markt besonders gefragt und setzen laut Rateike, Eisenburger und Holzwarth Effizienzpotenziale frei, die das Management zusätzlich unterstützen. Die Vorteile agilen Controllings bringt Wolfgang Völl im Beitrag „Hybride Projektansätze im Controlling" auf den Punkt:

> „Der agile Ansatz zeichnet sich durch eine hohe Flexibilität in der Projektorganisation aus. Es geht nicht um das Befolgen eines Plans, wesentlich ist das Reagieren auf Veränderungen. Der Schlüssel hierfür liegt in einem iterativen, von Wiederholungen geprägten Vorgehen sowie in einem inkrementellen Arbeiten, das heißt einem Arbeiten in kleinen Schritten. Das ermöglicht, dass Projektentwicklungen beziehungsweise Projektfortschritte schneller sichtbar und insbesondere auch Fehler frühzeitiger erkannt werden."

Zur Nachverfolgung der enthaltenen Literaturhinweise siehe https://www.spr ingerprofessional.de/controlling/agile-methoden/eine-vision-des-agilen-controlli ngs/19747956

Controlling und Data Science berühren sich noch selten

Sylvia Meier

Data Scientist gilt als Beruf der Zukunft. Immer wieder werden auch Parallelen zu Controllern gezogen: Werden Controller sich zu Data Scientists entwickeln oder sogar von ihnen abgelöst? Eine Studie liefert Erkenntnisse über Perspektiven, fehlende Skills und künftige Schnittstellen.

Datenanalysen werden in den Finanzabetilungen immer wichtiger. Sowohl die Forschung als die Praxis zeigen, dass die manuellen Arbeiten von Controllern nach und nach abnehmen. Statt Arbeitszeit in die Erfassung von Daten und das Sammeln von Informationen zu investieren, gilt als Idealbild der Zukunft der Controller als Business Partner und Analyst. Doch wenn die Daten und ihre Analyse einen so zentralen Part einnehmen, werden Unternehmen dann überhaupt noch den klassischen Controller als Fachkraft suchen? Oder konzentrieren sie sich künftig verstärkt auf Data Scientists?

Dieser Frage gehen die Springer-Autoren Klaus-Peter Schoeneberg, Christian von Schudnat und Erkan Gürbüz in ihrer Arbeit „Controller versus Data Scientist: Welche Berufsgruppe überlebt den digitalen Wandel?" nach. Sie stellen fest (Seite 18):

> „Die Digitalisierung stellt für die Unternehmenslandschaft der letzten 20 Jahre eine der wesentlichsten Veränderungen dar. Dieser Wandel, getrieben durch Themen wie Künstliche Intelligenz, Industrie 4.0, Internet of Things oder Big Data, wirkt sich auf die Unternehmen, deren sich wandelnden Geschäftsmodelle und Informations- und Kommunikationstechnologien aus. Die Datenwertschöpfung, also die Datenbeschaffung, das Datenverständnis, die Vorverarbeitung, die Modellierung, die Datenanalyse und Umsetzung der Ergebnisse in die betriebliche Praxis, werden immer zentraler. Bei einem Blick auf Supportprozesse wirkt sich diese auch auf alle damit einhergehenden Prozesse und Funktionen, wie das Controlling aus."

© Springer Fachmedien Wiesbaden GmbH, ein Teil von Springer Nature 2022   17
S. Meier und A. Breinich-Schilly, *Best of springerprofessional.de: Finance +
Banking,* essentials, https://doi.org/10.1007/978-3-658-39456-1_5

Controllern brauchen Finanz- und IT-Kenntnisse

Ob Controller bereits fit in Business Analytics sind oder ob nun Data Scientists ihnen den Rang ablaufen, ist bereits Gegenstand der Forschung. Schoeneberg, von Schudnat und Gürbüz haben haben sich zur Beantwortung dieser Fragen mit verschiedenen früheren Forschungsergebnissen auseinandergesetzt und zudem je rund 100 Stellenanzeigen sowohl für Data Scientists als auch Controller untersucht und verglichen.

Bei den fachlichen Anforderungen an Controller werden insbesondere ein Hochschulabschluss (86 %) oder Ausbildung mit Vertiefung Controlling und Finanzen (38 %) sowie IT-Kenntnisse (86 %) gefordert. Analytische Kenntnisse werden in der Hälfte der Stellenausschreibungen, kommunikative Fähigkeiten in 43 % der Fälle verlangt. In den Stellenanzeigen für Controller dominieren aber nach wie vor klassische Aufgaben, wie

- Reporting,
- Planung,
- Unterstützung beim Jahresabschluss,
- Budgetierung,
- Soll-Ist-Vergleiche,
- und die Erstellung von Prognosen und Forecasts.

Tiefe analytische Fähigkeiten zeichnen Data Scientists aus

Bei der Betrachtung der Jobangebote für Data Scientists zeigen sich Unterschiede zu denem im Controlling: Zwar wird auch hier meist ein Hochschulabschluss gefordert (82 %) und vor allem IT-Kenntnisse. Berufserfahrung wird nur in 36 % der Fälle vorausgesetzt. Das erforderliche IT-Know-how unterscheiden sich jedoch bei den Anwendungen deutlich von denen der Controller. In 65 % der Anzeigen stehen analytische Fähigkeiten des Data Scientists im Vordergrund.

Und bei den Aufgabenprofilen werden die Unterschiede zwischen Controllern und Data Scientists in Mittelstand wie Konzernen noch deutlicher, wie folgende Grafik zeigt (Abb. 1):

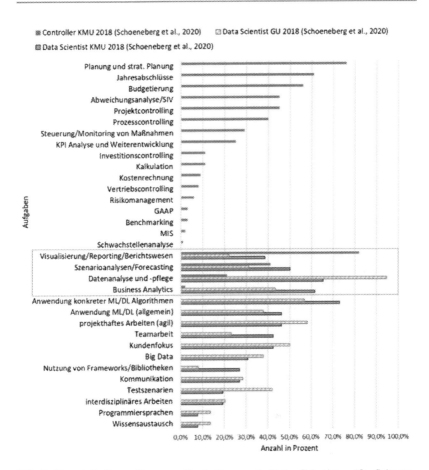

Abb. 1 Die Aufgabenprofile von Controllern und Data Scientists. (© Schoeneberg/Schudnat/Gürbüz, Handbuch Marketing-Controlling (2021), Seite 31)

Controller und Data Scientists noch keine vollwertigen Business Partner

Zwar werden Analysefähigkeiten auch im Bereich der Finanzen immer wichtiger. Doch Unternehmen benötigen vor allem nach wie vor Fachkräfte mit wirtschaftswissenschaftlichem Hintergrund für klassische Controllingaufgaben. Die Aufgaben eines Data Scientists scheinen sich (noch) kaum mit den Agenden eines Controllers zu überschneiden. Zudem werden bisher bei Data Scientists nur in wenigen Fällen betriebswirtschaftliche Kenntnisse gefordert.

Schoeneberg, von Schudnat und Gürbüz mahnen daher eine notwendige Weiterentwicklungen im Controlling an (Seite 38): „Weder die Controller noch die Data Scientists weisen aktuell einzeln die notwendigen Skills auf, um als vollwertiger Partner des Managements zu fungieren."

Mehr Realtime- und Dashboarding-Technik notwendig

Zwar haben im Controlling Tätigkeiten wie Forecasting sowie strategische und operative Planung deutlich an Bedeutung gewonnen. Allerdings betonen die Autoren, dass bisher nur in geringem Maße Datenbank- und fast gar keine erweiterten Statistik-Kompetenzen gefordert werden. Vor allem beim Einsatz moderner Technologien scheint das Controlling ausbaufähig (Seite 36):

> „Dass vornehmlich Auswertungen mit isolierten Excel-Dateien vom Management als Aufgabenprofil an den Controller gefordert werden, zeigt das weiterhin bestehende Silo-Denken. Vorteile moderner Realtime- wie auch Dashboarding-Technologien bleiben fortwährend ungenutzt. Daher ist fraglich, ob das Rollenbild des Controllers damit zukunftsorientiert ausgestattet ist."

Demgegenüber habe der Data Scientist aktuell eher die Rolle des technisch versierten Experten inne. „Dafür gehört zum Rollenprofil projekthaftes agiles wie auch interdisziplinäres Arbeiten, ein hohes Maß an Teamarbeit wie auch Kommunikation und Kundenorientierung. Damit ist er als technisch orientierter Experte zukunftsorientiert aufgestellt", so die Springer-Autoren. Sofern sein Branchenwissen genutzt und er in interdisziplinären Teams eingesetzt wird, „kann er zukünftig durchaus die Rolle des Business Partners des Managements oder in leitender Funktion die Schnittstelle zum Controlling ausfüllen".

Zur Nachverfolgung der enthaltenen Literaturhinweise siehe https://www.spring erprofessional.de/controlling/business-analytics/uebernehmen-data-scientists-kue nftig-controller-aufgaben-/19374904

Der klassische Forecast hat vielerorts ausgedient

Angelika Breinich-Schilly

Das Controlling verabschiedet sich immer mehr von altgedienten Planungs- und Budgetierungsmethoden. Wie eine weltweite Umfrage belegt, können Unternehmen mit Predictive Analytics ein volatiles Marktumfeld besser in den Griff bekommen.

Mit steigender Komplexität an den weltweiten Märkten verringert sich die Vorhersagbarkeit bestimmter Ereignisse. Mehr als 80 % der Unternehmen weltweit sind der Auffassung, dass es zukünftig wichtiger ist, auf schnelle Forecasts zu setzen, anstatt aufwendig zu budgetieren. Daher wird auch die Relevanz von automatisierten Hochrechnungen weiter steigen. Das ist das zentrale Ergebnis einer Barc-Umfrage. Das Analysehaus hat von Mai bis Juni 2021 rund 400 Fach- und Führungskräfte aus unterschiedlichen Branchen und Ländern zur Zukunft der Planung in ihren Organisationen online befragt.

„Die Covid-19-Pandemie hat wohl die meisten Unternehmen unvorbereitet getroffen", schreiben die Studienautoren Christian Fuchs und Robert Tischler in ihrer Einführung. Lokale Ereignisse in einer zunehmend vernetzten Wirtschaft und Unwägbarkeiten wie die Klimakrise werden auch weiterhin für eine hohe Volatilität sorgen, sind sich die beiden Barc-Analysten sicher. „Entsprechend müssen viele Organisationen ihre Steuerung auf diese Anforderungen hin ausrichten", so Fuchs und Tischler. Trotz vieler Veränderungen im Bereich der Planung fehle es häufig am „Tiefgang, um deutliche und dauerhafte Verbesserungen zu etablieren".

Unternehmen brauchen eine bessere Datenbewirtschaftung

Um Signale und Trends aus dem Markt zügig zu interpretieren und ihre Auswirkungen zu verstehen, aktualisieren bereits vier von zehn Unternehmen ihre

© Springer Fachmedien Wiesbaden GmbH, ein Teil von Springer Nature 2022
S. Meier und A. Breinich-Schilly, *Best of springerprofessional.de: Finance + Banking,* essentials, https://doi.org/10.1007/978-3-658-39456-1_6

Forecasts mindestens einmal pro Monat. Unter den von der Studie als Vorreiter identifizierten Betrieben (zwölf Prozent) sind es mehr als sechs von zehn. Insgesamt haben bereits viele Unternehmen in ihr Datenmanagement durch die bessere technische Integration von Tools (54 %), Automatisierung (50 %) oder neue Software (48 %) investiert und damit auf die Herausforderungen verschiedener Quellsysteme reagiert. Außerdem nutzen 45 % existierende Software effizienter, 26 % setzen Predictive Planning und Forecasting für Prognosen ein und 21 % migrieren Software-Werkzeuge in die Cloud.

Mittels Machine Learning künftige Entwicklungen vorhersagen

„Mittels Machine-Learning-Algorithmen werden auf Basis großer Datenmengen Muster entdeckt, die zukünftige Entwicklungen vorhersagen können. Der Blick in die Zukunft erfolgt nicht mittels aggregierter Daten wie bei Business Intelligence, sondern auf Basis individueller Daten. Solche zukunftsgerichteten Analysen sind nicht beschreibend, sondern vorhersagend", erläutert Ulrich Sailer die Digitalisierung des Controllings durch Business Analytics (Seite 580). Er führt als zentrales Argument für die Nutzung solcher Tools die Optimierung der Unternehmensplanung an:

> „Obwohl seit vielen Jahren in Theorie und Praxis über Verbesserungen der Planung gesprochen wird, besteht insgesamt noch eine recht hohe Unzufriedenheit. Der Planungsprozess soll verkürzt, beschleunigt, auf Treiber fokussiert und automatisiert werden. Forecasts sollen automatisiert und auch ad-hoc erstellt werden können. Forecasts gelten also keinesfalls als gelegentliche Vorhaben, sondern sie sind in den Planungsprozess integriert, um diesen flexibler, effektiver und effizienter zu gestalten", schreibt der Professor für Controlling an der Hochschule für Wirtschaft und Umwelt Nürtingen-Geislingen (Seite 587) über Predictive Analytics.

Interdisziplinäre Teams verknüpfen interne und externe Daten

Allerdings gehört eine hochwertige Datenbasis, die sich aus internen und externen Quellen speist und die Zusammenführung dieser Daten noch immer zu den größten Herausforderungen der befragten Unternehmen (50 %). Diese versuchen unter anderem auch durch organisatorische Anpassungen eine Prozessbeschleunigung zu erreichen, um so aktuellere Daten für die notwendige Entscheidungen zu erhalten.

Möglich machen dies unter anderem interdisziplinäre Teams, die Forecasts und Hochrechnungen schnell mit den Neuigkeiten aus allen Bereichen verknüpfen, ohne zeitraubende Abstimmungsrunden. Auf diese Weise ergibt sich ein besseres Bild der internen und externen Lage und deren Zusammenhänge.

Controller brauchen Know-how im Umgang mit Daten und Analytics

Daneben benötigen die Unternehmen Simulationen für eine fundierte Bewertung von Handlungsalternativen. Diese helfen Entscheidern dabei, mögliche zukünftige Entwicklungen sowie eigene Maßnahmen besser zu bewerten. „Auf Basis der gewonnenen Erkenntnisse können die erforderlichen Vorbereitungen und Maßnahmen in die Wege geleitet werden", resümieren die Studienautoren.

Allerdings brauchen Mitarbeiter im Controlling für alle neuen Prozesse und Aufgaben Know-how im Umgang mit Daten und Analytics, um zum Beispiel wichtige Indikatoren für das Geschäft auf Basis externer Daten in Analysen und Simulationen einbeziehen zu können. Die hierfür nötige Data Literacy muss aber laut Studie erst durch entsprechende Initiativen geschaffen werden.

Zur Nachverfolgung der enthaltenen Literaturhinweise siehe https://www.spring erprofessional.de/predictive-analytics/forecast/der-klassische-forecast-hat-vieler orts-ausgedient/19909142

Nichtfinanzielle Kennzahlen im Reporting etablieren

Sylvia Meier

Für Unternehmen und Banken ist es eine Herausforderung, nichtfinanzielle Kennzahlen in ihrem Bericht verständlich und nachvollziehbar darzustellen. Wem es aber gelingt, für den kann das Nachhaltigkeitsreporting zum Erfolgsfaktor werden.

Viele Unternehmen sind gesetzlich verpflichtet, über Nachhaltigkeitsaspekte zu berichten. Andere nehmen freiwillig finanzielle Informationen in ihr Reporting auf. Denn das eröffnet ihnen laut Andreas Mengen und Alina Mertes zusätzliche Chancen:

> „Unternehmen neigen dazu, Nachhaltigkeits-Reporting als lästige Pflicht zu betrachten, und übersehen dabei die Chancen einer Wirtschaftlichkeits- und vor allem einer Image-Verbesserung bei ihren Stakeholdern. Für ein stakeholderorientiertes Nachhaltigkeits-Reporting müssen Unternehmen ihre Stakeholder und deren Anforderungen und Interessen genau kennen und eine breite Palette an Maßnahmen ergreifen", heißt es im Beitrag „Nachhaltigkeits-Reporting passgenau gestalten" (Seite 41).

Am Beispiel der Deutschen Telekom zeigen die Autoren, wie viel Potenzial ein zielgruppenorientiertes Nachhaltigkeitsreporting bieten kann. Denn das Interesse an Nachhaltigkeitsaspekten hat in den vergangenen Jahren enorm zugenommen. Viele Kunden haben ihr Einkaufsverhalten bereits darauf eingestellt. So zeigt beispielsweise der Consumer Barometer von KPMG und IFH Köln, dass 81 % der Befragten beim Shopping auf Nachhaltigkeit achten. So nehmen auch Stakeholder nichtfinanzielle Kennzahlen mit großer Aufmerksamkeit wahr. Entsprechende KPIs müssen jedoch zunächst etabliert und gesteuert werden.

© Springer Fachmedien Wiesbaden GmbH, ein Teil von Springer Nature 2022
S. Meier und A. Breinich-Schilly, *Best of springerprofessional.de: Finance + Banking,* essentials, https://doi.org/10.1007/978-3-658-39456-1_7

Kaum nichtfinanzielle Kennzahlen im Lagebericht von Sparkassen

Carsten Kruppe und Robert Kühl stellen in ihrem Beitrag „Nachhaltigkeit systematisch steuern" eine Studie am Beispiel großer Sparkassen vor. Hierfür wurden die zwölf größten Sparkassen, die gemessen an ihrer Bilanzsumme rund 20 % des Sparkassenmarktes ausmachen, im Hinblick auf nichtfinanzielle KPIs analysiert. Dabei fällt auf, dass ein eindeutiges System noch fehlt. Nur die Hälfte der untersuchten Institute haben konkrete Kennzahlen in ihren Lagebericht aufgenommen.

Die Autoren weisen darauf hin, dass die meisten Sparkassen, abgesehen vom gesetzlich vorgeschriebenen nichtfinanziellen Bericht, keinen weiteren Bezug im Lagebericht zur Nachhaltigkeit herstellen. Zwar ist das Thema durchaus relevant für die Unternehmenssteuerung. Die Expertenbefragung zeigt aber, dass Kreditinstitute derzeit schwierige Rahmenbedingungen vorfinden, insbesondere das Niedrigzinsniveau und der damit verbundene Kostendruck. Prozesse müssen deshalb effizienter werden. Nichtfinanzielle Kennzahlen können hierbei von Vorteil sein, denn wer nachhaltig Ressourcen spart, kann langfristig Kosten reduzieren.

Die Studie kommt im Hinblick auf das Reporting unter anderem zu folgenden Erkenntnissen:

- Sparkassen sind durch den öffentlichen Auftrag besonders gefordert, die nichtfinanzielle Berichterstattung auszubauen und dem Interesse der Stakeholder an Nachhaltigkeitsthemen nachzukommen.
- Stakeholder-Ansprüche werden – nehmen gesetzlichen Anforderungen – immer wichtiger für das Reporting.
- Nichtfinanzielles Reporting muss anschaulich und leserfreundlich gestaltet werden.

Kennzahlen haben große Auswirkung

Gerade bei der Gestaltung des Reportings können Kennzahlen viel bewirken. Die Autoren empfehlen hier, die Kennzahlen weitgehend einheitlich zu wählen, damit eine Vergleichbarkeit im Zeitablauf und im Benchmarking mit anderen Unternehmen möglich wird. Aus Sicht der Autoren können unter Anwendung einer generalisierten Sustainability Balanced Scorecard (SBSC) fünf nichtfinanzielle

Kennzahlen abgeleitet werden, die sich zur Unternehmenssteuerung besonders anbieten:

- Engagement-Quote
- Personalentwicklungsquote
- Wertschöpfungsquotient
- Nachhaltigkeitsquote
- Emissions-Ertrags-Relation

Die Autoren empfehlen den Einsatz weniger, aber prägnanter Kennzahlen. Aus ihrer Sicht können hierdurch eine hohe Wirkung und Anwendungseffizienz erzielt werden. Ausgehend vom klassischen Triple-Bottom-Line-Ansatz, der in Bezug auf Nachhaltigkeit die drei Säulen Ökonomie, Ökologie und Soziales unterscheidet und der Kombination mit einer SBSC können nachhaltige Aspekte kompakt gesteuert werden.

Zur Nachverfolgung der enthaltenen Literaturhinweise siehe https://www.spring erprofessional.de/lagebericht/nachhaltigkeit/nichtfinanzielle-kennzahlen-im-rep orting-etablieren/17991120

Aktuelle Trends bestimmen die Aufgaben im Controlling

Sylvia Meier

Viele Finanzabteilungen befinden sich derzeit im Umbruch. Berufsbilder verändern sich, die digitale Transformation setzt neue Zeichen und die Corona-Krise bringt zusätzliche Herausforderungen für die Zukunft. Hier die wichtigsten Themen im Überblick.

Die Corona-Pandemie kam für viele Firmen unerwartet und brachte erhebliche Umstellungen mit sich. So mussten auch Finanzabteilungen ihre Prioritäten völlig neu setzen. Im Zentrum stand die Bewältigung der Krise, Maßnahmen zur Liquiditätssicherung und auch organisatorische Veränderungen, da plötzlich viele Mitarbeiter vom Homeoffice aus arbeiten mussten. Für die betroffenen Betriebe waren das wichtige Treiber für die weitere digitale Transformation.

Digitalisierung wird zur CFO-Priorität

Die Beratungsgesellschaft Horváth & Partners ermittelte in der CFO-Studie „Die Corona-Krise als Wendepunkt – Wie verändert sich die CFO-Agenda?", welche aktuellen Trend sich daraus für das Controlling ergeben. Hierfür wurden über 200 Chief Financial Officer (CFO) und kaufmännische Geschäftsführer befragt. Das Ergebnis offenbart deutlich den Einfluss der Digitalisierung: Folgende strategischen Maßnahmen liegen nun im Fokus der Finanzentscheider:

- Harmonisierung, Standardisierung und Optimierung von Finanzprozessen (91 %)
- Mitarbeiterentwicklung und Aufbau neuer, moderner Kompetenzen (84 %)
- Stärkung der Vorhersagefähigkeiten in Planungs-, Forcast- und Reportingprozessen (80 %)

© Springer Fachmedien Wiesbaden GmbH, ein Teil von Springer Nature 2022   29
S. Meier und A. Breinich-Schilly, *Best of springerprofessional.de: Finance + Banking,* essentials, https://doi.org/10.1007/978-3-658-39456-1_8

- Einführung und Nutzung digitaler Methoden und agiler Arbeitsweisen (75 %)
- Signifikante Beschleunigung der Investitionen in Digitalisierung in allen Unternehmensbereichen (73 %)

Bei den meisten Unternehmen haben sich mit dem Ausbruch der Corona-Pandemie vor allem die Arbeitsweisen stark verändert – und das wirkt nach. Die Analyse zeigt, dass sich die Zusammenarbeit im Finanzbereich stark wandelt. So geht die Mehrheit der Befragten davon aus, dass der Anteil der Remote-Arbeit im Homeoffice steigen wird (81 %).

Nachhaltigkeit, Risikomanagement und Compliance sind neue Schwerpunkte

Doch welche Aspekte beschäftigen die Finanzmanager neben Digitalisierung und New Work in Zukunft? Springer-Autor Stefan Behringer identifizierte bereits in seinem Buchkapitel „Trends im Controlling" folgende Themen:

- Nachhaltigkeit
- Risikomanagement
- Compliance

Nachhaltigkeitsthemen werden auch im Controlling an Bedeutung gewinnen. So bezeichnet auch Horváth & Partners Nachhaltigkeit als Megatrend für den Finanzbereich. Der Bereich Risikomanagement hat gerade bei dem Weg aus der Krise Priorität für CFOs, wie auch die Analyse zeigt. Risikocontrolling ist daher von großer Bedeutung. Und Compliance bekommt durch die Business Judgement Rule in § 93 Abs. 1 Satz 2 AktG eine verschärfte Dringlichkeit– auch für das Controlling. Behringer beschreibt hierzu (Seite 143): „An Bedeutung gewinnen wird auch die Abgrenzung von haftungsrelevantem Verstoß und unternehmerischer Fehlentscheidung. Die Fehlentscheidung ist im Gesetz durch die Business Judgement Rule geregelt."

Beweislast wird Controlling-Thema

Behringer betont, dass ein wichtiges Kriterium dafür, dass sich Entscheidungsträger auf die Business Judgement Rule berufen können, die „angemessene Informationsgrundlage" ist. Er schreibt:

„Das Bundesverfassungsgericht hat die Business Judgement Rule auf die folgende prägnante Kurzform gebracht: Ein Vorstandsmitglied schuldet juristisch nicht den Erfolg einer Entscheidung, sondern eine sorgfältig getroffene Entscheidung. Hier ist der Kernbereich der Tätigkeit des Controllings betroffen. Für das Management trägt das Controlling die Hauptverantwortung, die Informationen in angemessener Breite und Tiefe bereitzustellen. Bei der Erstellung von Dokumenten zur Entscheidungsvorbereitung muss das Controlling immer stärker berücksichtigen, dass sie zum Beweismittel bei einem Prozess werden können."

Risiken, Haftung, Compliance, Nachhaltigkeit, Digitalisierung – die Zukunftsthemen verdeutlichen den Wandel im Controlling. Fachkräfte müssen sich neue Kompetenzen aneignen, um diesem gerecht zu werden. Doch mit den neuen Aufgaben ermöglichen sich auch neue Karrierewege.

Zur Nachverfolgung der enthaltenen Literaturhinweise siehe https://www.spring erprofessional.de/corporate-finance/controllingfunktionen/aktuelle-trendthemen-im-controlling/19234804

Neue Kompetenzen erhöhen Karrierechancen im Controlling

Sylvia Meier

Die Aufgaben von Controllern verändern sich, nicht zuletzt durch die Digitalisierung. Welche Kompetenzen benötigen Controller in Zukunft, um die eigene Karriere voranzutreiben? Eine Studie gibt hierüber Aufschluss.

Damit Controller den Herausforderungen durch die Digitalisierung gewachsen sind, benötigen sie neue Kompetenzen. In dem Beitrag „Mit neuen Controller-Kompetenzen in die Zukunft" (Controlling & Management Review, 1|2020) stellen Stephan Schöning, Viktor Mendel und Aylin Köse die Ergebnisse einer Studie vor. Im Rahmen dieser Untersuchung wurden zunächst Expertengespräche mit Führungskräften aus dem Controlling sowie aus angrenzenden Bereichen geführt. Die hierbei identifizierten Einzelkompetenzen dienten als Grundlage für eine breit angelegte Umfrage unter 120 controllingaffinen Arbeitnehmern sowie drei Experten. Die gewonnen Erkenntnisse dienten als Grundlage für die Erstellung eines umfassenderen Kompetenzmodells.

Die Autoren ermitteln hier für die Controller Fachkompetenzen, Methodenkompetenzen und fachfremde Kompetenzen. Zusammenfassend wurden folgende Kompetenzbereiche als besonders wichtig identifiziert:

Fachkompetenzen	Methodenkompetenzen	Fachfremde Kompetenzen
• Budgetierung und Forecasting	• Analytisches Denken	• Buchhaltung und Bilanzen
• Reporting	• Systemkompetenz	• Unternehmensbewertung
• Abweichungsanalyse	• Zahlenverständnis	• Finanzierung
• Deckungsbeitragsrechnung	• Lösungsorientierung	• Produktion
	• Umgang mit Big Data	• Vertrieb

Quelle: „Mit neuen Controller-Kompetenzen in die Zukunft" aus Controlling & Management Review (1|2020)

© Springer Fachmedien Wiesbaden GmbH, ein Teil von Springer Nature 2022
S. Meier und A. Breinich-Schilly, *Best of springerprofessional.de: Finance + Banking,* essentials, https://doi.org/10.1007/978-3-658-39456-1_9

Digitale Kompetenzen im Fokus

Die Autoren liefern in ihrem Beitrag noch weitergehende Informationen und listen auch die unterschiedlichen Inhalte der wesentlichen Kompetenzbereiche auf. Sie stellen fest: „Die Kompetenzen, die Controller heute brauchen, ändern sich vor allem mit den technischen Möglichkeiten, die sich durch die Digitalisierung im Allgemeinen ergeben."

Schöning, Mendel und Köse stellen die Ergebnisse ihrer Untersuchung in einem sogenannten Kompetenz-Rad dar: „Das besteht vorwiegend aus einem äußeren und einem inneren Ring. Die methodischen Kompetenzen bilden den äußeren Ring des Kompetenz-Rads, denn es handelt sich dabei um grundlegende Kompetenzen, die es erst ermöglichen, fachliche und fachfremde Kompetenzen zu erwerben und einzusetzen."

Im inneren Ring befinden sich die wesentlichen fachlichen und fachfremden Kompetenzen für Controller, beschreiben die Autoren das Kompetenzgefüge. „Um auch die gravierenden zukünftigen Veränderungen durch die Digitalisierung im Controlling zu berücksichtigen, erscheint es sinnvoll, das Kompetenz-Rad um digitale Kompetenzen zu erweitern, diese als eigenständige Kompetenzklasse aufzufassen und sogar ins Zentrum zu stellen." (Abb. 1).

Big-Data-Know-how besonders wichtig

Die Autoren stellen fest, dass die Kompetenz im Umgang mit Big Data heute schon zu den wichtigsten Controller-Kompetenzen zählt. Aus ihrer Sicht wurden jedoch digitale Kompetenzen in Controller-Kompetenzmodellen bisher nicht eindeutig berücksichtigt. Deshalb sprechen sie sich dafür aus, dass ein zukunftsorientiertes Kompetenzmodell zwingend digitale Kompetenzen enthalten sollte. In den bisherigen Kompetenzmodellen wurden auch fachfremde Kompetenzen nicht ausdrücklich berücksichtigt. In ihrer Analyse kommen die Autoren jedoch zum Schluss, dass fachfremde Kompetenzen ebenfalls wichtig für Controller sind.

Ein idealtypisches Anforderungsprofil für Controller wurde auch im Rahmen einer Delphi-Studie erarbeitet und von Utz Schäffer und Lars Brückner in dem Beitrag „Rollenspezifische Kompetenzprofile für das Controlling der Zukunft" (Controlling & Management Review, 7|2019) vorgestellt. Beide Studienergebnisse liefern interessante Erkenntnisse darüber, wie sich die Rolle des Controllers verändern wird.

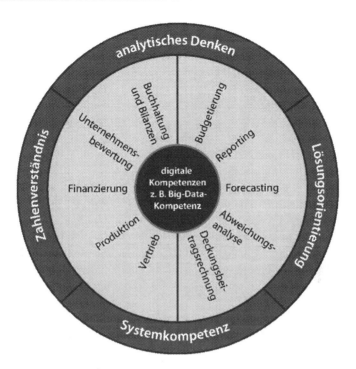

Abb. 1 Darstellung des Kompetenz-Rads zu digitalen Kompetenzen. (© „Mit neuen Controller-Kompetenzen in die Zukunft" aus Controlling & Management Review (1|2020) | Controlling & Management Review 1/2020)

Zur Nachverfolgung der enthaltenen Literaturhinweise siehe https://www.spring erprofessional.de/controlling/aus--und-weiterbildung/finanzfachkraefte-brauchen-neue-kompetenzen/15035022

Controller benötigen mehr als Zahlen-Know-how

Sylvia Meier

Controller müssen heute weit mehr als nur ein Verständnis für Zahlen haben. Die Digitalisierung hat ihre Rolle im Unternehmen bereits stark verändert. Welche Fähigkeiten müssen die Experten mitbringen, um ihren Job optimal zu bewältigen? Ein Überblick.

Die Digitalisierung verändert viele Bereiche – das gilt für die Gesellschaft und die Wirtschaft gleichermaßen. Auch in den Controlling-Abteilungen macht sich das schon lange bemerkbar. Das Tempo hat sich deutlich erhöht, gefragt sind mehr Effizienz und schnellere Prozesse. Das verändert auch den Arbeitsalltag der Finance-Fachkräfte. Wer mit neuen Entwicklungen wie Big Data & Co. umgehen will, benötigt also entsprechende Fähigkeiten.

Anastasios Georgopoulos und Stefan Georg stellen zu dieser Problematik in ihrem Buchkapitel „Die neuen Big Data-Berufsfelder rund um das Controlling" (Seite 61) fest:

> „Um neue Erkenntnisse aus Big Data ziehen zu können, müssen nicht nur Prozesse, Methoden und Systeme verändert werden. Unternehmen brauchen zusätzliche Personalressourcen, die zum einen über die erforderlichen analytischen und technischen Fähigkeiten verfügen und zum anderen in der Lage sind, die richtigen Fragen zu stellen."

Die Auseinandersetzung mit dem Thema scheint also unumgänglich: „Wenn sich die Anforderungsumgebung des Controllers ändert, bringt dies unweigerlich auch neue Aufgaben und Tätigkeiten sowie eine Anpassung seines Kompetenzprofils mit sich", erklären die Springer-Autoren.

© Springer Fachmedien Wiesbaden GmbH, ein Teil von Springer Nature 2022
S. Meier und A. Breinich-Schilly, *Best of springerprofessional.de: Finance + Banking,* essentials, https://doi.org/10.1007/978-3-658-39456-1_10

Allerdings sind entsprechende digitale Skills in den seltensten Fällen bereits vorhanden. In Ausbildungen oder im Studium wurden entsprechende Inhalte in der Vergangenheit nicht thematisiert.

Abgrenzung zu neuen Big-Data-Berufen

Im Zusammenhang mit dem Big-Data-Umfeld entstehen derzeit drei neue Berufe: Data Engineer, Data Scientist und Data Analyst. Wird sich der Controller künftig in eine dieser Richtungen entwickeln? Laut der Autoren ist der Beruf des Data Engineers wenig denkbar ist die Weiterentwicklung von Controllern. Die Ausrichtung ist zu technisch. Überschneidungen bei den Aufgabenprofilen und Anforderungen gibt es allerdings beim Business Analyst und Data Scientist. Zu diesen Rollenbildern gehören auch Aufgaben, die bisher im Controlling angesiedelt waren.

Die Autoren verweisen jedoch unter anderem auf eine Untersuchung von Freistühler/Kempers, bei der anhand von Stellenanzeigen Aufgabenprofile verglichen wurde (Seite 77): „Der Data Scientist ist keine Erweiterung des bestehenden Controller-Rollenmodells, sondern ein eigenständiger Unternehmensakteuer."

Aktuelles Anforderungsprofil für Controller

Die Autoren vergleichen verschiedene Studien zu Stellenausschreibungen für Controller und kommen im Ergebnis zu folgendem aktuellen Anforderungsprofil (Seite 91):

Anforderungen im Detail	
Fachliche Anforderungen	• Abgeschlossenes Studium (mindestens Bachelor) mit Schwerpunkt BWL, Controlling/Finanzwesen, Wirtschaftsingenieurwesen oder Wirtschaftsinformatik • Einschlägige Berufserfahrung (mindestens 2 Jahre) • Gute bis sehr gute Englisch-Kenntnisse • Kunden- und Managementberatung • Projektmanagement • Prädikative Modelle • Statistische- und mathematische Analysen-Kenntnisse • Geschäfts- und Produktentwicklung • Wissen um digitale Technologien und Trends

Anforderungen im Detail

IT-Anforderungen	• Software-Kenntnisse (ERP, Microsoft-Offce, Excel) • Datenbankkenntnisse (z. B. Microsoft Access, SQL) • Programmierkenntnisse (z. B. VBA, Java, C++) • Statistik-Software-, Business Analytics- und RPA-Kenntnisse • Big Data-Kenntnisse und -Analysen • Reporting und Visualisierung • Datenmanagement • Data Mining-Methoden • Machine Learning-Methoden • Forecast-Methoden (z. B. Predictive Analytics)
Persönliche Anforderungen	• Analytische Fähigkeiten und Zahlenverständnis • Kommunikationsstärke • Selbstständige Arbeitsweise und Eigenverantwortung • Kooperations- und Teamfähigkeit

Weiterbildung von Controllern

Im Buchkapitel „Möglichkeiten für den Ausbau der digitalen Skills" halten Georgopoulos und Georg fest, dass der Weiterbildungsmarkt auf die gestiegenen Anforderungen für Fachkräfte reagiert hat und bereits viele spezifische Angebote vor allem im Bereich E-Learning bereit hält. Doch auch bei den Präsenzschulungen gibt es bereits vielfältige Angebote. Beispielhaft benennen die Autoren unter anderem folgende Anbieter:

- CA Controller Akademie
- Munich Business School in Kooperation mit dem Controller Institut
- Horváth Akademie Zertifikatsprogramme
- IMD Business School (CH)
- WHU – Otto Beisheim School of Management/McKinsey & Company
- European School of Management and Technology (ESMT) Berlin
- Management Center Innsbruck (MCI) Österreich

Und für Spezialisten oder in speziellen Themenbereichen gibt es zudem gesonderte Schulungsangebote und Lehrveranstaltungen. Unternehmen, die ihre Fachkräfte entsprechend weiterbilden wollen, sollten sich genau mit dem gewünschten

Kompetenzmodell und den dafür nötigen Weiterbildungsmöglichkeiten auseinandersetzen.

Zur Nachverfolgung der enthaltenen Literaturhinweise siehe https://www.spr ingerprofessional.de/controlling/aus--und-weiterbildung/anforderungen-an-contro ller-von-heute/6601688

Banken stehen im Wettlauf um die besten Talente

Angelika Breinich-Schilly

Der Fachkräftemangel beschäftigt nicht erst seit Ausbruch der Corona-Pandemie viele Branchen. Eine aktuelle Analyse zeigt, welche Bewerber bei Banken derzeit und künftig die größten Chancen haben: Gefragt ist Know-how im Compliance-Bereich, Sustainable Banking oder Risikomanagement.

Banken suchen oft händeringend nach Experten mit besonderen Kenntnissen – in den Personalabteilungen, im Finance-Bereich oder in der IT. So ist der Hays-Index für Fachkräfte in der Bankenbranche trotz der seit fast zwei Jahre dauernden Krise mit kleineren Schwankungen in den vergangenen Monaten stetig geklettert. Im vierten Quartal 2021 erreichte er für HR-Fachkräfte 200 und für IT-Experten sogar 250 Zähler. Im ersten Quartal 2021 lagen diese Werte noch bei 128 beziehungsweise 213 Punkten.

„Die Finanzinstitute haben trotz der Pandemie ihre Projekte weiter vorangetrieben", erläutert Daniel Jung, Abteilungsleiter Banking bei der Pesonalberatung Hays, die aktuellen Zahlen gegenüber Springer Professional. Lediglich im zweiten Quartal 2020 habe es eine Delle in der Nachfrage nach Finanzspezialisten gegeben. Seither gehe es auch in diesem Bereich steil bergauf.

Risikomanagement-, Complicance- und ESG-Expertise gefragt

„Der Bedarf in der IT hängt immer stark vom Thema sowie vom Projektumfang ab", weiß Jung. Fachlich suchen die Unternehmen nach Experten mit Kompetenzen im Risikomanagement. Ihr Ziel ist es, mit ihnen mögliche Kreditausfallrisiken zu identifizieren und zu managen.

© Springer Fachmedien Wiesbaden GmbH, ein Teil von Springer Nature 2022   41
S. Meier und A. Breinich-Schilly, *Best of springerprofessional.de: Finance +
Banking,* essentials, https://doi.org/10.1007/978-3-658-39456-1_11

Eine starke Nachfrage stellt das Beratungshaus auch im Bereich Compliance, AML (Geldwäsche) und KYC (Know Your Customer) fest. „Experten für die Bereiche Meldewesen sowie Compliance werden bedingt durch gesetzliche Anpassungen und Regulatorik an Bedeutung gewinnen", glaubt der Personalspezialist.

Künftig werde das Augenmerk der deutschen Geldhäuser auch noch auf Experten im Bereich ESG (Environment, Social, Governance) und Sustainable Banking liegen. „Nicht zuletzt, weil die Stresstests der Europäischen Zentralbank an strategischer Wichtigkeit zunehmen. Dieser Bereich wird sich mit neuen Berufsbildern noch weiter ausdifferenzieren als bisher", prognostiziert Jung.

Bewerber müssen soziale Kompetenzen und Agilität mitbringen

Häufig achten Banken und Sparkassen bei potenziellen Kandidaten auch auf soziale Kompetenzen, Fähigkeiten und Erfahrungen. „Das heißt nicht, dass die Fachlichkeit keine Rolle mehr spielt. Aber man merkt, dass das Management von Veränderungen in der Arbeitskultur nun langsam auch die Kandidatenprofile durchdringt", betont Jung. „Dazu gehört zum Beispiel die Fähigkeit, in agilen und kollaborativen Strukturen zu arbeiten, remote Leadership, aber auch das Management verteilter Teams."

„Laut einer Umfrage der Beratungsgesellschaft Pwc werden Konzepte für die Remote-Arbeit in der Finanzbranche auch nach der Corona-Krise bestehen bleiben. Entsprechend planen knapp 90 % der befragten Institute, örtlich flexible Tätigkeiten weiter auszubauen. Und so suchen Unternehmen in klassischen Tätigkeitsfeldern wie dem Finanzwesen nun verstärkt nach Möglichkeiten, sich teamintern sowie -übergreifend zu organisieren", schreibt hierzu Michael Hollauf im Bankmagazin (Ausgabe 9 | 2021).

Recruiting in Banken neu definieren

„Hochqualifizierte Bewerber können sich freuen: Je nach fachlicher Spezialisierung werden sie sich morgen ihre Wunscharbeitgeber aussuchen können", meint Jung. Der Rekrutierung komme dabei ein strategischer Stellenwert zu und müsse neu gedacht werden. „Denn tradierte Ansprache- und Kanalmuster funktionieren immer weniger, denn man greift damit ja stets auf dieselben Talente zu", so der Experte.

„In der Mitarbeitersuche wird es generell wichtig werden, nach ungenutzten Potenzialen zu suchen, zum Beispiel Menschen mit viel Erfahrung, die allerdings nur in reduzierter Stundenanzahl tätig sein möchten", meint Jung. Seiner Meinung nach werden es aufgrund des hohen Spezialisierungsgrads in vielen Bankbereichen Generalisten in Zukunft schwer haben.

Digitale Bewerbersuche optimieren

Beim Recruiting setzen Banken und Sparkassen immer häufiger auf alternative, digitale Kanäle, beschreibt Rainer Spies im Bankmagazin-Beitrag „Kandidaten dank digitaler Unterstützung finden" (Ausgabe 7–8 | 2021) die Lage in vielen Geldhäusern. „Durch Performance-Marketing-Technologien platzieren wir Stellenanzeigen unserer Kunden in den Online-Alltag qualifizierter Kandidaten", zitiert er Matilda von Gierke, Gründerin des Berliner Personaldienstleisters Zalvus. Zu dessen Kundenkreis gehören vor allem von Banken und Sparkassen.

Ziel sei es, insbesondere passiv suchende Kandidaten anzusprechen, „wie sie etwa im IT-Bereich häufig vorkommen", erläutert der Bankmagazin-Autor. Diese seien über Online-Jobbörsen nur schwer zu erreichen. Stellenanzeigen werden daher in Karrierenetzwerken und den sozialen Medien geschaltet, die Bewerbern in Suchmaschinen oder beim Besuch anderer Websites angezeigt werden.

„Parallel dazu wird Re- und Upskilling relevant warden", glaubt Recruiting-Experte Jung. „Denn man kann heute nicht mehr davon ausgehen, dass ein Kandidat alle Qualifikationen passgenau für den Job mitbringt."

Bewerberansprüche werden höher

Und für mögliche Kandidaten stelle sich laut Spies häufig die Frage nach einer vertrauensvollen persönliche Ansprache, Diversität und Datenschutz. Der Autor beruft sich dabei auf die Studie „Künstliche Intelligenz, Chatbots und Rekrutierung – Die Sicht der Kandidaten" von Sven Laumer, Professor an der Friedrich-Alexander-Universität Erlangen-Nürnberg. Der zufolge wollen Kandidaten darüber informiert werden, „wie ihre Daten bei Unternehmen verwendet werden, wie smarte Tools funktionieren und wie die Recruiter zu ihren Entscheidungen im Bewerbungsprozess kommen".

Zur Nachverfolgung der enthaltenen Literaturhinweise siehe https://www.spring erprofessional.de/recruiting/bankstrategie/banken-stehen-im-wettlauf-um-die-bes ten-talente/20112196

Banken ziehen wieder Fusionspläne aus der Schublade

Angelika Breinich-Schilly

Obwohl die Corona-Pandemie die Zahl der Zusammenschlüsse deutscher Banken eine Weile gebremst hat, scheint der Konsolidierungsprozess bei Sparkassen, Volks- und Raiffeisenbanken nun wieder Fahrt aufzunehmen. Von einer Fusionswelle wollen die Institute aber nicht sprechen.

„Nur Banken und Sparkassen, die mit rigorosen Sparprogrammen Filialen schlossen und Stellen abbauten, konnten in diesem Jahr ihre Erträge sichern oder gar steigern", schreibt Bankmagazin-Herausgeberin Stefanie Burgmaier in ihrem Rückblick auf das Bankjahr 2021 (Ausgabe 1 | 2022). Profitabel zu wirtschaften fällt gerade kleinen Banken in Deutschland schwer. Viele Sparkassen sowie Genossenschaftsbanken suchen daher den Schulterschluss mit anderen Instituten und stellen mögliche Fusionen auf den Prüfstand.

Aktuellen Medienberichten zufolge haben zum Beispiel die Sparkassen Lüdenscheid und Hagen-Herdecke im Februar Gespräche über einen Zusammenschluss ins Auge gefasst. Auch die Sparkassen Paderborn-Detmold und Höxter sowie Moosburg und Freising prüfen eine Fusion. Verhandlungen gibt es auch zwischen der Kreissparkasse Steinfurt und der Verbund-Sparkasse Emsdetten-Ochtrup sowie den Sparkassen Mittelfranken-Süd und Ingolstadt-Eichstätt.

Große Sparkassen stoßen in Großkundenbetreuung vor

Welche Vorteile solche Verschmelzungen den Instituten bringen können, erläutert Jan F. Wagner in seinem Bankmagazin-Beitrag über eine mögliche Super-Landesbank (Ausgabe 10 | 2021). Ihm zufolge sind die Sparkassen vor allem

© Springer Fachmedien Wiesbaden GmbH, ein Teil von Springer Nature 2022
S. Meier und A. Breinich-Schilly, *Best of springerprofessional.de: Finance + Banking*, essentials, https://doi.org/10.1007/978-3-658-39456-1_12

„dank zahlreicher Fusionen in den vergangenen Jahren immer größer geworden". Und sie stoßen mittlerweile auch in die Unternehmensfinanzierung für Großkunden vor:

> „Insbesondere in wirtschaftlich starken Ballungsräumen wie Köln oder Hamburg sind die Sparkassen nicht nur in der Lage, größere Summen zu stemmen, sondern können mittlerweile auch Finanzierungsangebote über den Kapitalmarkt anbieten – und zwar ohne die Unterstützung einer Landesbank."

Zu den größten Instituten des Verbunds zählt laut Statista derzeit die Hamburger Sparkasse (Haspa), deren Bilanzsumme sich Ende 2020 auf rund 55,4 Mrd. Euro belief. Ihr folgen die Kreissparkasse Köln und die Sparkasse Köln Bonn mit Bilanzsummen von 28,8, beziehungsweise 28 Mrd. Euro.

Konsolidierungsprozess nicht abgeschlossen

Insgesamt ist die Zahl der Institute dieser Bankengruppe in den vergangenen 20 Jahren kontinuierlich geschrumpft und lag Ende 2020 laut Bankstellenstatistik der Deutschen Bundesbank bei insgesamt 383 Geldhäusern. Nach Angaben des Deutschen Sparkassen- und Giroverbands (DSGV) existierten im Januar 2022 sogar nur noch 367 Geldhäuser dieser Gruppe. Dass sich dieser Trend, wenn auch im moderatem Umfang, in Zukunft fortsetzt, glaubt auch der DSGV. „Eine Fusionswelle sehen wir aber nicht", äußerte der Verband aktuell gegenüber dem Portal tagesschau.de.

„Der wesentliche Treiber für M&A-Transaktionen ist die kontinuierliche Transformation der Geschäftsmodelle vieler Finanzdienstleister als Antwort auf regulatorische Veränderungen, den Markteintritt von Fintechs, die Digitalisierung sowie die anhaltende Niedrigzinsphase", erklärte Ralf Baukloh, Partner im Bereich Financial Services von KPMG, bereits im April 2021 gegenüber Springer Professional.

Auch unter den genossenschaftlichen Instituten setzt sich der Konsolidierungsprozess fort, wie der Jahresbericht des Bundesverbands der Volks- und Raiffeisenbanken (BVR) für 2020 belegt. Die Zahl der selbstständigen Genossenschaftsbanken lag zum Ultimo bei 814 Banken. Sie sank gegenüber 2019 fusionsbedingt um 27 Institute beziehungsweise 3,2 %.

Dabei hatte der Ausbruch der Corona-Pandemie die Fusionsbestrebungen aufgrund der Kontaktbeschränkungen sogar zunächst gebremst. Das berichtet Anja Kühner im Bankmagazin-Beitrag „Zusammen stärker werden" (Ausgabe

11 | 2020). Der Autorin zufolge fiel zum Beispiel den Zusammenschluss der Hamburger Volksbank mit der Volksbank Lübeck der Corona-Krise zum Opfer.

Bigtechs treiben deutsche Banken vor sich her

Ulrich Grothe und Thomas Barsch sehen unter anderem in den Angeboten sogenannter Bigtechs wie Amazon, Google und Apple einen Treiber für weitere Fusionen. „Die neuen Gegner haben funktionierende Geschäftsmodelle, an die sie Bank- und Finanzdienstleistungen anhängen. Diese Basis haben die klassischen Institute aus dem Finanzbereich nicht", schreiben die Springer-Autoren im Buch „Banking & Innovation 2020/2021" auf Seite 170.

Allerdings könnten die Banken auch von einigen, krisengetriebenen Entwicklungen profitieren. So denken Verbraucher, Unternehmen und Händler laut Grothe und Barsch aufgrund unterbrochener Lieferketten nun lokaler und favorisieren Investitionen in eine entsprechende Infrastruktur vor Ort. „Die Institute verfügen in ihren Filialen und Standorten über kompetente Mitarbeiter mit einer tiefen Verankerung in ihren jeweiligen räumlichen und sozialen Umfeldern", nennen die Springer-Autoren den Standortvorteil von Sparkassen und Genossenschaftsbanken. Allein in Fusionen, die vor allem auf eine Steigerung der Effizienz abzielen, sollten die Institute nicht ihr Heil suchen. Sie fragen: „Reduziert man das Risiko einer Schiffshavarie, indem man das Schiff größer macht?".

Zur Nachverfolgung der enthaltenen Literaturhinweise siehe https://www.springerprofessional.de/bankstrategie/m-a-management/banken-ziehen-wieder-fusionsplaene-aus-der-schublade/20155758

Banken brauchen mutige ESG-Ausrichtung

Angelika Breinich-Schilly

Noch sind die Auswirkungen der Corona-Pandemie wichtigstes Aufgabenfeld europäischer Banken. Doch mit dem Megathema ESG rückt der Klima- und Umweltschutz auf den Agenden ganz nach oben. Gefragt sind neue, umfassende Geschäfts- und Risikomodelle.

Trotz der großen Herausforderungen der Covid-19-Pandemie erweist sich die Bankenbranche als noch immer krisenfest. Laut der aktuellen European Banking Study 2021 des Beratungshauses Zeb gingen die Gewinne der 50 größten Banken zwar um mehr als die Hälfte zurück. Und auch das bisherige Problemkind vieler Institute, die Eigenkapitalrentabilität, sank von 6,4 % im Jahr 2019 auf rund drei Prozent im Jahr 2020. Dennoch stelle sich die Kapitalausstattung der Banken im Durchschnitt weiter gut dar. Viele der Institute hätten ihre Eigenkapitalposition erhöhen und damit die entsprechenden Kapitalquoten erneut verbessern können, heißt es in dem Bericht.

Für diesen wurden die 50 größten Banken nach Gesamtvermögen aus den 27 Ländern der Europäischen Union, Island, Liechtenstein, Norwegen, der Schweiz und dem Vereinigten Königreich untersucht. Die Daten und Berechnungen stammen vom 1. März 2021.

Starker Bankenfokus auf Umwelt- und Klimaaspekte

Dem Report zufolge werden sich Europas Geldhäuser mittel- und langfristig neben der Bekämpfung der Pandemiefolgen vor allem mit zwei Themenbereichen intensiv beschäftigten: Auf ihrer Agenda stehen mit ESG (Environment, Social, Governance) der neue Megatrend sowie die mit diesem einhergehenden Regularien ganz oben. Besonders im Fokus der Institute liegen dabei Umwelt-

und Klimaaspekt sowie insbesondere Risiken im Zusammenhang mit dem Klimawandel. Regulatoren und politische Behörden drängten die Banken dazu, ESG-bezogene Anforderungen zu erfüllen. Die Studie identifiziert drei Schlüsselbereiche für regulatorische Initiativen im europäischen Bankensektor:

1. (nicht finanzielle) Berichterstattung & Offenlegung,
2. Stresstests und Risikomanagement sowie
3. Kapitalanforderungen.

Bereits seit 2017 müssen in Deutschland große Unternehmen von „öffentlichem Interesse" mit mehr als 500 Mitarbeitern und einer Bilanzsumme von mehr als 20 Mio. Euro oder Umsatzerlösen von mehr als 40 Mio. Euro ihre nichtfinanziellen und die Diversität betreffenden Informationen veröffentlichen. Geregelt ist das in der sogenannten CSR-RUG. Katja Mayer stellt im Buchkapitel „Standards der Berichterstattung" (Seite 108 f.) klar, dass mit dieser Regelung vor allem „Unternehmen von öffentlichem Interesse" gemeint sind. Dazu gehören kapitalmarktorientierte Unternehmen sowie Banken und Versicherungen. Die Springer-Autorin führt aus:

> „Die Auskünfte umfassen Angaben zu den Nachhaltigkeitskonzepten in der Unternehmensführung, angewandte Due-Diligence-Prozesse und dazugehörige Ergebnisse, Veröffentlichungen vom Management zur Steuerung verwendeter nichtfinanzieller Kennzahlen (sogenannte Key Performance Indicators – KPIs) sowie Risiken und Auswirkungen auf Geschäftsbereiche sowie Geschäftsbeziehungen."

Kapitalzu- und abschläge für grünes Kreditgeschäft

Doch weitere, zum Teil umfangreiche Initiativen und geplante Anforderungen hat der Gesetzgeber bereits in der Pipeline. So werden laut Zeb-Report derzeit unterschiedliche, zusätzliche Kapitalabschläge oder -zuschläge für „grüne" oder „braune" Kreditgeschäfte der Banken diskutiert, die zu einer Veränderung der Kapitalquoten führen würden.

„Mit einer ersten Outside-in-Analyse zeigt die Studie, dass fundamentale Veränderungen der Kapitalquote erst bei sehr hohen Zu-/Abschlagsfaktoren zu erwarten sind", heißt es weiter. Auf Einzelvertragsebene ergebe sich durchaus ein massiver Einfluss auf das Neugeschäft der Banken.

Die Studie macht dabei allerdings klar, dass die tatsächlichen Klimarisiken der Banken im Gesamtblick sehr heterogen sind. Dafür verantwortlich sei der individuelle Anteil der Banken an den Industriesektoren und Ländern, die stark von klimawandelbedingten Risiken betroffen sind. So seien etwa die nordischen Länder und insbesondere der Immobiliensektor sowie das verarbeitende Gewerbe vergleichsweise stärker von Transitionsrisiken betroffen, also von der Notwendigkeit, Treibhausgase zu reduzieren. In Südeuropa werden die Banken mit höheren physischen Risiken konfrontiert. Diese liegen zum Beispiel in extrem Wetterereignisse und deren Auswirkungen auf den Agrarsektor begründet.

Dünne Datenlage erschwert die Bewertung von ESG-Profilen

Doch rein praktisch stoßen die kommenden Anforderungen an Grenzen, etwa im Hinblick auf unterschiedliche Einschätzungen der ESG-Profile von Banken und Unternehmen durch Ratingagenturen. Zudem sei die Datenlage, vor allem im Mittelstand, noch immer dünn. Christian Kemper, stellvertretender Chefredakteur Bankmagazin, schreibt dazu im Beitrag „Alles grün oder was?" (Ausgabe 12 | 2020):

> „Im Rahmen einer öffentlichen Konsultation der Europäischen Zentralbank (EZB) zum Leitfaden zu Klima- und Umweltrisiken gab die Deutsche Kreditwirtschaft (DK) eine Stellungnahme ab. Generell begrüßt der Spitzenverband das Engagement der EZB, die internationalen und europäischen Entwicklungen im Umfeld von Sustainable Finance eng zu verfolgen und den Finanzsektor auf dem Weg zu einer nachhaltigen Wirtschaft zu begleiten. [...] Laut DK sollte jedoch noch stärker herausgestellt werden, dass der Leitfaden ein längerfristiges Zielbild und Orientierungshilfe für den aufsichtlichen Dialog sein soll."

ESG-Ausrichtung bietet Banken auch Chancen

Doch eine ökonomisch nachhaltige Ausrichtung biete auch Chancen, die es zu nutzen gelte, zitiert Kemper die Vorsitzende des Beraterstabs von Consileon, Petra Roth. „Nur diejenigen Unternehmen und Banken, die ihr Geschäftsmodell und ihre Organisation nach den Kriterien Umwelt, Soziales und guter Unternehmensführung frühzeitig ausrichten, werden sich Vorteile im immer härter werdenden

Wettbewerb verschaffen", konstatiert die ehemalige Oberbürgermeisterin von Frankfurt am Main (CDU) in dem Beitrag.

Auch die Zeb-Studie sieht in den ESG-Herausforderung ein hohes Chancenpotenzial für Banken. Soll bis 2030 eine Reduktion der Treibhausgase um rund 55 % erreicht werden, sind hohe klimarelevante Investitionen über alle volkswirtschaftlichen Branchen hinweg erforderlich. „Die EU-Kommission geht allein in Europa von einem direkten Finanzierungsvolumen in Höhe von jährlich 1.000 Milliarden Euro aus – konservativ geschätzt. Für Banken könnte dies nach Schätzungen von Zeb zusätzliche Erträge von fast 27 Milliarden Euro pro Jahr oder 270 Milliarden Euro bis 2030 bedeuten", heißt es im Report.

Dabei verstünden die meisten europäischen Banken unter ESG-Produkten das sogenannte „dunkelgrüne Geschäft". Gemeint seien Aktivitäten, die schon per Definition grün sind, wie etwa Windkraftanlagen. Dieser Bereich sei aber noch vergleichsweise klein. Zeb-ESG-Experte Axel Hesse führt aus: „Die Konsequenz ist ein harter Wettbewerb um attraktive Angebote bei eher geringen Margen".

Banken müssen Transitionsgeschäft in den Fokus rücken

Wesentlich interessanter dagegen ist das Transitionsgeschäft. Das sei die Unterstützung von Unternehmen auf ihrem Weg zu einem deutlich niedrigeren CO_2-Fußabdruck oder einem verbesserten ESG-Profil. Das Segment mache einen Großteil des Gesamtmarkts aus, werde aber noch von vielen Banken vernachlässigt. Doch ist dies laut Hesse „der Schlüsselbereich für ein ertragsorientiertes Geschäft und damit auch der wichtigste Bereich für Banken".

Warum, das belegen Zahlen einer jüngst veröffentlichten Studie des Beratungshauses Bain. Danach hat sich in Europa das Volumen ESG-gebundener Kredite an Unternehmen von 27 Mrd. Euro im Jahr 2017 auf 102 Mrd. Euro im Jahr 2019 mehr als vervierfacht. Die globalen Wachstumsraten des ESG-bezogenen Emissionsvolumens liegen bei 268 Mrd. Euro. Dies entspreche aber erst einem Prozent aller Unternehmensanleihen.

„Da sich die Ansprüche der Kunden verändern, verankern immer mehr Unternehmen das Thema Nachhaltigkeit in ihrer Strategie. Sie setzen sich klare Ziele und starten entsprechende Projekte. Und von ihren Kreditinstituten erwarten sie, dass sie passende Finanzierungslösungen bereitstellen", so Bain-Partner Christian Graf zu den Ergebnissen der Analyse. Dies biete Banken die Möglichkeit, sich strategisch neu zu positionieren, um neue Kunden und Marktanteile zu gewinnen.

IOSCO-Papier gibt Orientierung für ESG-Geschäft der Banken

Wie das gelingen kann, zeigt das IOSCO Growth and Emerging Markets Committee (GEMC). Es ist eine Einheit der internationalen Organisation der Wertpapieraufsichtsbehörden IOSCO (International Organisation of Securities Commissions). Laut Werner Gleißner und Frank Romeike hat die Organisation im Jahr 2019 ein Papier mit dem Titel „Sustainable finance in emerging markets and the role of securities regulators" veröffentlicht. „So werden in der Publikation nachhaltige Kapitalmarktprodukte, wie beispielsweise grüne und Nachhaltigkeitsfonds, sozialethische Fonds und Investitionen in erneuerbare Energien analysiert", berichten die Springer-Autoren im Buchkapitel „ESG-Risiken und ihre Quantifizierung" (Seite 393).

In insgesamt elf Empfehlungen beschreibt die IOSCO ihre Erwartungen zu Nachhaltigkeitsaspekten an Aufsichtsbehörden, Unternehmen und Produkte. Diese betreffen folgende Schwerpunkte:

1. Emittenten und beaufsichtigte Unternehmen sollen ESG-spezifische Aspekte in ihrem Risikoappetit/Risikoakzeptanz und ihrer Unternehmensführung berücksichtigen,
2. ESG-spezifische Offenlegungs- und Berichtspflichten,
3. Datenqualität ESG-spezifischer Berichterstattung,
4. Definition und Taxonomie nachhaltiger Instrumente,
5. Mittel, die durch nachhaltige Instrumente aufgebracht werden, sollten für Projekte und Aktivitäten verwendet werden,
6. Rahmenregelungen für das Angebot nachhaltiger Instrumente,
7. laufende Offenlegungsanforderungen,
8. die ordnungsgemäße Verwendung der Mittel einschließlich Maßnahmen zur Verhinderung, Aufdeckung und Sanktionierung des Missbrauchs der durch die Ausgabe nachhaltiger Instrumente aufgenommenen Mittel,
9. Einsatz externer Überprüfungen,
10. Integration von ESG-spezifischen Aspekten in die Analyse und Strategien der Investments und die gesamte Unternehmensführung bei institutionellen Investoren
11. Aufbau von Kapazität und Expertise für ESG-Belange.

Wettbewerbsvorteil dank mutiger ESG-Strategie

„ESG hat das Potenzial, beides zu sein: sowohl ein enormer Komplexitätstreiber als auch eine einzigartige Chance", kommentiert Zeb-Partner und Studienautor Dirk Holländer die Lage der europäischen Banken. Er ist sich sicher: „Banken, die einen frühen, mutigen Schritt in Richtung ESG machen, indem sie wirksame Risikomanagement-Tools implementieren, Scoring-Expertise und Messmethoden etablieren und Kunden bei der Transformation mit Beratungs-, Finanzierungs- und Investmentlösungen unterstützen, werden einen Wettbewerbsvorteil gegenüber anderen Instituten erlangen."

Zur Nachverfolgung der enthaltenen Literaturhinweise siehe https://www.spring erprofessional.de/risikoanalyse/nachhaltige-geldanlagen/esg-und-regulatorik-ste hen-bei-banken-ganz-oben-/18992966

Grüne Baufinanzierung spielt eine zentrale Rolle

Angelika Breinich-Schilly

Die Bau- und Immobilienbranche muss klimaneutral werden. Das für die Transformation nötige Geld können Unternehmen und Staat nicht alleine stemmen. Die Politik sieht auch die Banken in der Pflicht. Sie forcieren den Umbau mit entsprechenden Finanzierungsangeboten.
In den jüngsten Bilanzpressekonferenzen haben die verschiedenen Bankenverbände, darunter der DSGV, der BVR sowie der BdB, klargestellt, dass die Unterstützung des ökologischen Umbaus der deutschen Wirtschaft zu den Prioritäten der Institute in Deutschland gehört. Teil der Strategie ist es, die Kredit- und Anlageportfolios auf Klimaneutralität zu trimmen. Eine Herausforderung liegt dabei in der Finanzierung nachhaltiger Immobilien.

So hat der Verband der Privaten Bausparkassen Ende März 2022 eine Absichtserklärung des Umweltprogramms der Vereinten Nationen (UNEP) und dessen Nachhaltigkeitszielen unterzeichnet. „Die Aufgabe, künftige Generationen vor dem Klimawandel zu schützen, kann nur mit einer großen Gemeinschaftsanstrengung von Politik, Wirtschaft, Wissenschaft und Gesellschaft gelingen", betont Verbandschef Bernd Hertweck. Die Bausparkassen seien sich ihrer Verantwortung bewusst. Einiges sei schon erreicht worden, doch die Herausforderungen blieben groß.

EU-Taxonomie lässt Baukosten steigen

Die EU-Taxonomie stellt an Unternehmen der Bau- und Immobilienbranche hohe Anforderungen im Hinblick auf ESG-Faktoren (Environmental, Social and Governance). Im Detail müssen Bauvorhaben etwa Vorgaben zur Energieeffizienz, die langfristig für Klimaneutralität und Dekarbonisierung führen sollen, erfüllen. Das gilt vor allem mit Blick auf Grünflächenanteile, grüne Mietverträge, der Nutzung erneuerbarer Energien, Ressourcenschonung, Wärmeeffizienz oder dem Wasser- und Abfallmanagement.

„In der Zwischenzeit gibt es viele Möglichkeiten grüner und klimafreundlicher zu bauen. Durch Ressourcenschonung und Emissionsminimierung, der Auswahl von Lieferanten und Zulieferern sowie beispielsweise einer Klimastrategie kann bereits hier darauf geachtet werden den ökologischen Fußabdruck eines Gebäudes zu beeinflussen. Neben der Konstruktion sollen alle anderen Lebenszyklus-Phasen des Gebäudes nachhaltig sein", schreibt Christian Schmid im Buchkapitel „Immobilienwirtschaftliche Transformation aus Sicht des Immobilienfinanzierungsgeschäfts der Banken" auf Seite 375 f.

Klimaneutralität braucht grüne Finanzierung

Wie Kreditinstitute zum Teil der Lösung werden, erläutert Sascha Klaus in der April-Ausgabe von Bankmagazin. Dem Chief Executive Officer (CEO) der Berlin Hyp zufolge, betragen die erforderlichen Investitionen, um das Ziel der Klimaneutralität in Deutschland bis zum Jahr 2045 zu erreichen, rund fünf Billionen Euro. Er stützt sich dabei auf Zahlen einer Studie, die im Auftrag der Förderbank KfW erstellt wurde.

Allerdings seien in dieser Summe auch solche Ausgaben enthalten, die ohnehin getätigt werden müssten. Diese Gelder sollten lediglich verstärkt in Alternativen gelenkt werden, die einen Beitrag zur Klimaneutralität leisten. „Der Mehrbedarf im engeren Sinne beträgt den Berechnungen zufolge daher 1,9 Billionen Euro. Das entspricht jährlichen Mehrinvestitionen von durchschnittlich 72 Milliarden Euro bis zum Jahr 2045", so der Experte.

Kosten, die der Staat nicht alleine bewältigen kann. Der Finanzmarkt könne Billionen von Euro in Richtung Klimaschutz und Nachhaltigkeit bewegen, zitiert Klaus Bundeskanzler Olaf Scholz. Laut Deutsche-Bank-Chef Christian Sewing seien die Banken diesmal nicht Teil des Problems, „sondern Teil der Lösung".

Institute als Partner für Risikobewertung

Klaus begreift die Banken aber nicht nur als Finanzierer nachhaltiger Immobilien, sondern auch als Experten für die Risikobewertung rund um die Projekte:

„Denn der Klimawandel hat das Potenzial, die Marktfaktoren des Immobiliensektors zu verändern. So können die Kosten steigen, wenn Kunden Immobilien an strengere Energie- und Umweltstandards anpassen oder wenn sie zusätzliche Belastungen aus möglichen Abgaben oder Strafzahlungen einpreisen müssen", so der Berlin Hyp-CEO.

Sein Institut habe sich über mehrere Etappen zu mehr Nachhaltigkeit bewegt. „So war beispielsweise das Orderbuch der drei von der Berlin Hyp im Jahr 2021 emittierten grünen Pfandbriefe innerhalb kurzer Zeit auf mehr als das Doppelte des anvisierten Volumens angewachsen", betont er. Als weltweit erste Bank habe das Geldhaus mit einer Nachhaltigkeitsanleihe ihre Nachhaltigkeits- und Klimaziele direkt mit ihrer Refinanzierung verknüpft.

Historische Chance für Banken

„Die Finanzierung des nachhaltigen Wandels in Wirtschaft und Gesellschaft wird als eine historische Chance für die Kreditinstitute gewertet", schreibt Barbara Bocks im Bankmagazin (Ausgabe 11 | 2021). Robert Bölke, Head of CIO Advisory Banking bei Sopra Steria Next, vergleicht in ihrem Beitrag die aktuelle Lage unter anderem mit dem konjunkturellen Aufschwung nach dem Zweiten Weltkrieg.

Allerdings seien die wenigsten Institute darauf vorbereitet. „Sie betrachten die Nachhaltigkeit noch ausschließlich als Marketingthema", zitiert Bocks den Berater. Dabei werde dies künftig eng mit dem Einsatz von Technologie verknüpft sein. „Finanzierungen in Infrastruktur oder Maschinen werden stark datengetrieben und -überwacht sein. Und Ratings werden aus Umwelt- sowie Betriebsdaten errechnet werden", zählt Bölke auf.

Nachhaltigkeit treibt Immobilienwert

Trotz des steigenden Aufwands dürfte sich der ESG-Fokus der Finanzbranche bei Immobilienprojekten langfristig durchaus rechnen. „Denn die Nachfrage der Kunden nach Investments und Lösungen, die nachhaltig und auf Klimaschutzziele ausgerichtet sind, steigt seit Jahren", berichtet Berlin-Hyp-Chef Klaus. Beispielsweise habe sich das Volumen von Green Bonds, also Anleihen zur Finanzierung von Umweltprojekten, laut der Climate Bonds Initiative von 2015 bis 2020 nahezu verzehnfacht.

Insgesamt haben sich in der Vergangenheit die Nachhaltigkeit und entsprechende Zertifizierungen zu relevanten Werttreibern am Immobilien-Investmentmarkt entwickelt, wie Günter Vornholz im gleichnamigen Buchkapitel erläutert.

„Analysen wie die von Jones Lang Lasalle (2021) belegen, dass die Nachhaltigkeitszertifizierung nicht nur an Bedeutung gewonnen hat, sondern auch positive Effekte für die Mietentwicklung hat. Die entsprechenden Mietaufschläge bei einem zertifizierten Objekt haben auch sofort einen positiven Einfluss auf den Wert einer Immobilie. Nachhaltigkeit lässt somit eine höhere Wertbeständigkeit erreichen", schreibt der Springer-Autor auf Seite 28.

Zur Nachverfolgung der enthaltenen Literaturhinweise siehe https://www.spring erprofessional.de/baufinanzierung/immobilienfinanzierung/esg-spielt-bei-der-imm obilienfinanzierung-eine-zentrale-rolle/20267354

Banken brauchen KI für ihre digitale Transformation

Angelika Breinich-Schilly

Ohne Künstliche Intelligenz wird Banken der digitale Wandel samt der hierfür nötigen Geschäftsmodelle nicht gelingen, glauben Experten. Sie macht die Geldhäuser agil, die Prozesse effektiver und verbessert das Kundenerlebnis. Ihre Einführung gelingt meist über die Cloud.

„Die Vorstandsvorsitzenden der Banken in aller Welt erwarten von der Künstlichen Intelligenz (KI) signifikante Änderungen ihrer Geschäftsmodelle", erklären Lars Friedrich, Andreas Hiese, Robin Dreßler und Franziska Wolfenstetter. Die Springer-Autoren beziehen sich dabei auf eine Studie des Beratungshauses Pricewaterhouse Coopers (PWC) aus dem Jahr 2019. Die zahlreichen Anwendungen zeigten, dass KI kein technischer Modebegriff mehr ist. Vielmehr zeichne sich ein Trend zur vollständigen Digitalisierung des Geschäftsmodells von Banken ab, so die Autoren im Buchkapitel „Künstliche Intelligenz in Banken – Status quo, Herausforderungen und Anwendungspotenziale" (Seite 49). „Die KI erschließt neue Anwendungsfelder, die bis vor Kurzem entweder als zu kompliziert oder als zu teuer für die Automatisierung galten."

KI verhilft Banken zur operativer Agilität

Dass KI den Instituten bei der Umsetzung digitaler Geschäftsmodelle und der Erfüllung sich ändernder Kundenanforderungen helfen kann, belegt auch der ISG Provider Lens Banking Industry Ecosystem Report DACH 2020. Der Analyse des Research- und Beratungshauses zufolge ist „operative Agilität sowohl für Geschäfts- als auch für Privatkundenbanken von zentraler Bedeutung". Nötig

© Springer Fachmedien Wiesbaden GmbH, ein Teil von Springer Nature 2022
S. Meier und A. Breinich-Schilly, *Best of springerprofessional.de: Finance +
Banking,* essentials, https://doi.org/10.1007/978-3-658-39456-1_15

mache das unter anderem ein harter Wettbewerb bei den Finanzdienstleistungen. So wickelten zum Beispiel im DACH-Raum Nicht-Banken 25 % aller Zahlungstransaktionen jährlich ab.

Daher besteht laut Report unter anderem ein zunehmendes Interesse an Zahlungsdiensten, die schneller, kostengünstiger und effektiver sind. „Wenn ein Kunde heute seine Bankgeschäfte zum Beispiel per Sprachassistent durchführen möchte, müssen die ausgelösten Transaktionen auch auf diesem Weg eindeutig und sicher sein", erklärt Johanna von Geyr, Partner und EMEA Lead Banking, Financial Services & Insurance von ISG, gegenüber dem Fachportal „Bigdata Insider". Deshalb verzeichne aktuell der Markt für entsprechende Technologie- und Service-Anbieter ein deutliches Wachstum.

Was KI bereits in Banken leistet, beschreiben Cam-Duc Au und Andreas Hiese in der Zeitschrift „Digitale Welt" (Ausgabe 3 | 2021):

> „Mittlerweile haben sich vielfältige Anwendungsfälle ergeben, die bereits heute produktiv in verschiedenen Banken laufen. Zu den prominentesten Beispielen zählen unter anderem der Einsatz von KI in Chat- und Talkbots sowie in der Optimierung der Betrugs- und Geldwäscheprävention. Dabei handelt es sich um Beispiele für die sogenannte ‚weiche' beziehungsweise ‚schwache' KI, die sich auf die Erledigung einzelner und konkreter Aufgabenstellungen konzentriert."

KI zerlegt Wertschöpfungsketten in der Finanzbranche

Neben effizienteren und effektiveren Prozessen fördert KI laut Friedrich, Hiese, Dreßler und Wolfenstetter die Zerlegung etablierter Wertschöpfungsketten in der Bankenbranche. „Gemeinsam mit anderen Trends wie dem digitalen Kundenerlebnis (UX/UI), Servicearchitekturen (API-Banking) und Cloud-Computing ergeben sich Chancen für neue Industriestrukturen und damit für neue digitale Geschäftsmodelle", so das Autoren-Quartett. Aufgrund der starken Regulierung sei aber noch nicht absehbar, wie weit die Strukturen der Banken durch die Technik verändern werden und welche Möglichkeiten überhaupt realisierbar sind. „Die rasante Entwicklung im Fintech-Markt gibt allerdings einen guten Eindruck vom Potenzial zur Disruption", so die Springer-Autoren.

Doch steht in der Praxis den etablierten Instituten bei der Nutzung von KI laut ISG-Report häufig ein Flickenteppich an Legacy-Systemen im Weg. „Banken weisen als vormals Pioniere der elektronischen Datenverarbeitung eine seit den 1960er-Jahren heterogen gewachsene, umfangreiche Legacy-IT auf", erklären hierzu Au und Hiese. „Diese wird den Anforderungen moderner Technologien in vielen Teilen nicht gerecht, sodass die Modernisierung der Systemlandschaft eine besondere Herausforderung darstellt", schreiben die beiden Experten aus dem Bereich „Digital Strategy & Business Models" der Commerzbank.

Banken nutzen Cloud als Tür zur KI

Laut einer Analyse von Deloitte planen deshalb 70 % der untersuchten Unternehmen, KI-Anwendungen auf Basis von Cloud-Technologien einzuführen. „Vor diesem Hintergrund lässt sich auch erklären, warum Banken nun stark in eine Cloud investieren", so Au und Hiese und führen aus:

> „Die Nutzung der Cloud ermöglicht eine effiziente, das heißt schnelle und vergleichsweise kostengünstigere, Analyse von hohen Datenmengen. Dies erfolgt häufig medienwirksam in Form von strategischen Partnerschaften mit Tech-Unternehmen wie zum Beispiel Amazon Web Services (AWS), Google Cloud Platform (GCP) oder Microsoft. Der Vorteil dieses kooperativen Ansatzes liegt in einer effizienten Modernisierung der IT-Landschaft und letzten Endes schnelleren Transformation des Gesamtunternehmens."

Eine flexible IT-Infrastruktur mit Cloud-Technologien bildet laut der Digitalexperten die technische Voraussetzung für erfolgreiche KI- beziehungsweise Machine-Learning-Anwendungsfälle. In einem zweiten Schritt komme es schließlich auf die ausreichende Verfügbarkeit nutzbarer Daten an. Für die aussichtsreichsten KI-Anwendungen stehe ein sogenanntes 5V-Modell zur Verfügung:

1. Mit Volume (Volumen) ermittelt die Bank die Masse an verfügbaren und auswertbaren Daten unter Einbeziehung sämtlicher Datenquellen. Diese korrekt zu erfassen und zu speichern erfordere eine moderne Infrastruktur.
2. Validity (Validität) entscheidet über eine ausreichende Datenqualität, die eine erfolgreiche KI-Implementierung voraussetzt. Dementsprechend müssen Daten akkurat und frei von Verunreinigungen sein. Die Nutzung von fehlerhaften oder gar unvollständigen Datensätzen führen zu falschen Analyseergebnissen und können zu „sunk costs" führen, da den Banken ein falsches Potenzial in einem KI-Anwendungsfall signalisiert werden würde.
3. Bei Variety (Vielfalt) geht es um unterschiedliche unterschiedliche Datenarten, etwa schriftliche, visuelle und auditive Informationen. Als Beispiele nennen Au und Hiese eingehende Kundenanrufe, Kontoumsätze im Online-Banking/in der App sowie die Einreichung von physischen Bonitätsunterlagen sein. Eine Kategorisierung dieser Daten zeige verwertbare Muster und Interdependenzen.

4. Velocity (Geschwindigkeit) bezieht sich auf die Aktualität der Daten. Denn nur so könnten korrekte und wertvolle Schlussfolgerungen mithilfe von KI-Modellen abgeleitet werden. Das sei deshalb so wichtig, weil die Geschwindigkeit der Datengenerierung und -verarbeitung stets exponentiell zugenommen hat.
5. Schließlich gilt Value (Wert) als übergeordneter Wert von Daten sowie die darin liegende Möglichkeit, den Unternehmenserfolg maßgeblich zu beeinflussen. So beziffere eine Statista-Prognose die jährlich generierte Datenmenge für das Jahr 2025 mit 175 Zettabytes beziehungsweise 175 Mrd. Terabytes. Datenmengen zu beherrschen und für sich zu nutzen, stelle daher bereits heute ein Differenzierungsmerkmal im Wettbewerb dar.

Einsatzschwerpunkte von Künstlicher Intelligenz im Banking

In einer Übersicht zeigen Friedrich, Hiese, Dreßler und Wolfenstetter konkrete Anwendungsfälle in der Bankbranche (Abb. 1):

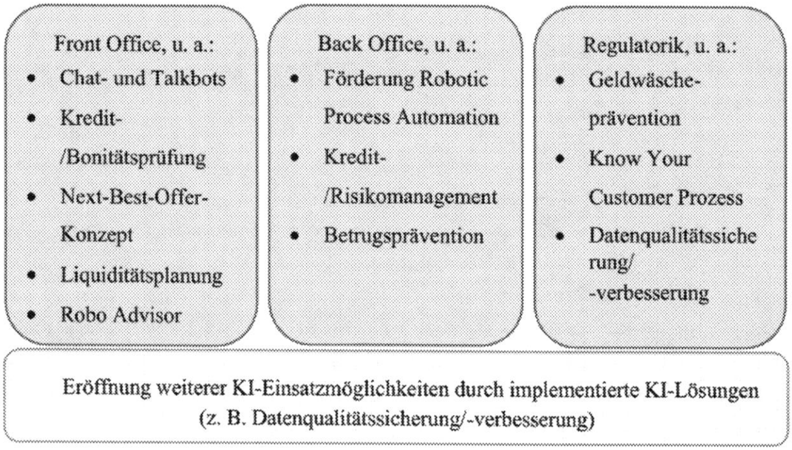

Front Office, u. a.:
- Chat- und Talkbots
- Kredit-/Bonitätsprüfung
- Next-Best-Offer-Konzept
- Liquiditätsplanung
- Robo Advisor

Back Office, u. a.:
- Förderung Robotic Process Automation
- Kredit-/Risikomanagement
- Betrugsprävention

Regulatorik, u. a.:
- Geldwäscheprävention
- Know Your Customer Prozess
- Datenqualitätssicherung/-verbesserung

Eröffnung weiterer KI-Einsatzmöglichkeiten durch implementierte KI-Lösungen (z. B. Datenqualitätssicherung/-verbesserung)

Abb. 1 Anwendungsfälle von KI im Banking. (© Lars Friedrich, Andreas Hiese, Robin Dreßler, Franziska Wolfenstetter im Buch „Künstliche Intelligenz", 2021, Seite 55)

Die vorgestellten Anwendungsfälle zeigen, dass Banken bereits in diversen Einsatzbereichen KI nutzen, so die Springer-Autoren auf Seite 61. „KI-Anwendungen bieten heute das Potenzial für richtungsweisende Verbesserungen des Kundenerlebnisses. [...] Mit Blick auf die herausfordernde Situation der deutschen Bankenwirtschaft gilt KI somit zu Recht als eine (mit-)entscheidende Zukunftstechnologie für das Gelingen der digitalen Transformation der Banken."

Zur Nachverfolgung der enthaltenen Literaturhinweise siehe https://www.spring erprofessional.de/bank-it/kuenstliche-intelligenz/banken-brauchen-ki-fuer-ihre-digitale-transformation/19264346

Was Sie aus diesem *essential* mitnehmen können

- Hilfestellung für den Umgang mit Finanzaufsicht und anderen regulierenden Behörden
- Nützliche Ansatzpunkte für ein modernes Controlling-System
- Tipps für die Karriere als ControllerIn

Printed in the United States
by Baker & Taylor Publisher Services